Colofon

Stenen zoon in de stad en andere gedichten
is een uitgave van

© Trends&Friends 2012

© Manoir.it 2025

Auteur: Awee ter Horst
Lay-out en ontwerp: Awee ter Horst
Fotografie: meesterfotograaf.nl
ISBN: 9781616273309

STENEN ZOON IN DE STAD

en andere gedichten

Awee ter Horst

Вике

Inhoud

Over de wereld, het leven, en al het andere	9
Unaccompanied minor	14
Patron Gerard	22
Vragen stellen	31
Nederland	43
Stenen zoon in de stad	46
Etnische minderheden	64
Trouwen	93
Planten hebben geen ogen	126
Puur over ludduveduh	195
Tot slot	219

Voorwoord

Ik heb lang getwijfeld. Gedichten uitgeven is eigenlijk een idioot idee. Het is een vorm van exhibitionisme waarvan statistisch bekeken al van tevoren vaststaat dat je er nauwelijks iemand mee treft. Een beetje zoals streaken in een leeg voetbalstadion. Vanitas, de menselijke ijdelheid, gebiedt echter alles op alles te zetten om niet ongezien geleefd te hebben. Scripta manent. Wie schrijft blijft. De Russen zeggen dat een man in zijn leven minstens één boom moet planten, één huis moet bouwen en één kind moet verwekken. Allemaal allang klaar. Ergens fluistert een innerlijke stem dat het zaak is ook nog minstens één boek te fabriceren voor je oog in oog komt te staan met de laatste conducteur, de enige die geen kaartje hoeft te zien, die zelf weet wat je bestemming is en niet wil weten of je eigenlijk wel op reis *wil*. Ja die, ja.

De gedichten die ik schrijf zijn flarden. Het zijn nadenksels, gedachtenstromen, vaak gebaseerd op belevenissen, soms het product van - een wellicht te onstuimige - fantasie. Gedichten komen plots op en vloeien als het ware in een enkele beweging uit mijn pen. Ik moet ze ook meteen opschrijven, anders zijn ze weg. Eenzaam zijn en vliegen blijven, zo is gebleken, uitstekende omstandigheden voor het ontstaan van mijn poëzie: als je versregels aan airmiles zou koppelen zou je een redelijk vaste correlatie kunnen constateren; er zijn door de jaren heen dan ook heel wat kotszakjes verdwenen uit vliegtuigen, volgeschreven met hersenspinsels. Ik kan uit ervaring zelfs van tevoren bepalen of mijn pen het wel of niet zal doen op de waterdichte coating aan de binnenkant van zo'n zakje. Dat is bij iedere luchtvaartmaatschappij anders. Op de buitenkant kun je niet dichten, daar staat teveel reclame. Verdriet doet het ook goed: hoe desolater in het hoofd, hoe verder het licht aan het einde van de tunnel, des te onweerstaanbaarder de roep van de griffel.

Vaak gaan mijn verzen over hoe relatief en vergankelijk alles is. Ze geven mijn verbazing weer over hoe gewichtig de mens over de dingen kan doen, waarschijnlijk omdat het zo lullig is toe te moeten geven dat het meeste van wat we doen totaal geen zin heeft.

De lezer is aan zet. Ik heb de sprong gewaagd en ren nu naakt over het voetbalveld van een groot stadion.

Deel 1

Over de wereld, het leven, en al het andere

BLADVULLING

O, maagdelijk wit papier
Toen jij zo naar mij lachte
Begreep jij toen nog niet
dat ik je wou verkrachten?

                090180

UNACCOMPANIED MINOR

Ik gespte je vast,
Je keek nog 'n keer;
maar ik zag het best...
Ik bestond al niet meer.

Op weg, voor het eerst,
heel alleen, naar je moeder
en het leven te lijf.

Één traan heb ik je
toch snel nog getoond;
met de rest heb ik 's avonds
heel de stad overstroomd.

Ik weet het wel zeker:
J'hebt er niets van gezien.
En zo hoort het ook, denk ik,
't is maar beter misschien.

Kijk maar altijd vooruit,
ga het licht tegemoet,
zet "voorbij" naast je neer,
en de pijn die het doet.

121291

POETA ERRANTE

De gevels en daken
Waarover wij spraken
zijn niet, in beginsel
zijn hersengespinsel

De rijen van huizen
fabrieksschoorsteenbuizen
zijn louter verzinsels
boekenverslindsels

Papier voor de dichter
maakt zijn taken niet lichter
zich tegen 't Al te verzetten
niet op and'ren te letten

De boottocht in het duister
van het hersengefluister
strandt op zijn aard
op een beiaard

Met klokkegeschal
luidt het gekkengetal
elf maal rondom
een slag van een trom

Vergeefs duikt de poëet.
De drang heeft hem beet
om verzen te kerven
en gedichten te verven

100898

WAAN

De aarde is een bol die draait
zo hard dat er de wind van waait
Suist als een stip door het heelal
ongezien en stil, veelal
een stofje, vuiltje, een komeet
een niemendal dat wereld heet
waarop wij mensen, trots verloren
denken te zijn uitverkoren

                              060398

's OCHTENDS VROEG

Een ijskoude dauwdruppel
rilt langs een rozeblaadje
een spinnetje huppelt
over een vochtig draadje

De zon maakt sterretjes
in het klamme gras
De natuur toont mij
wat ik vergeten was

    051000

LACHEN OF WACHTEN

En leven is vaak niet veel meer
dan wachten op de Dood
Volwassenheid, zo fel begeerd
blijkt vaak hetzelfde, in het groot

Wanneer de klok tikt, of een vuurtje knispert
en men bewust diep adem neemt
neemt men een kijk op weer een gisteren
die men net als vandaag vergeet

En leven is vaak niet veel meer
dan wachten op de Dood
Daags een bladzij omgekeerd
Daags de kans vergroot

Toch is het eigenlijk ook wel jammer
als niet elke dag een feestje is
Maar als dat is, word je steeds banger
voor die onvermijdelijke laatste mist

                      121000

WAT EEN RAAR LOT

't Is maar een gekke wereld
Vol gedrang en vol emotie
van voor- en tegenstreven.
En als ik straks de Dood zie
dan zal ik nog niet hebben begrepen
waar het allemaal om gaat
waarom zo'n kort en nietig mensenleven
zo vol van liefde haat vertrouwen en verraad
überhaupt geleefd moet worden

        220601

ZIJ ZOENEN

't Is binnenkort weer herfst
De wind blaast de kinderen naar school
Het blad vergeelt, valt en bederft
De zon behoudt enkel zijn aureool

't Is binnenkort weer herfst
Mijn stad ontdoet zich van haar groene jas
De winkelier denkt vast aan kerst
en ik stap in een eerste plas

't Is binnenkort weer herfst
en dan weer winter, lente, zomer
en dan wéér herfst
en dat elk jaar...hoe zou dat komen?

Wij mensen hebben immers vier seizoenen,
die in de buik van Moe niet meegeteld:
De lente van de groei, de kinderschoenen;
De zomer van geluk, fatsoen en geld;
De herfst, goudgeel uitrusten en bedaren;
De winter – het wachten op de dood.
Of heeft U dat zo nooit ervaren?
Dan wordt U vast niet oud.

                             050901

ALLEEN

'k ben alleen in een huis
dat te groot is voor mij.
Het is hier niet pluis,
er gaan schimmen voorbij.

Ik ben bang
- holle klank
In de gang.

Dat gevoel, die gedachten,
wanneer vrienden verdwijnen,
of gewoon, onverwacht,
niet op afspraak verschijnen.

Het bezitten van dingen,
en er vreugde uit scheppen,
het vervaagt en verwringt zich
tot utopie van het hebben.

Die meubels, en alles
waar ik zo van hou:
Tot rotzooi vervallen
zonder glimlach van jou.

De gedachte aan vrijheid;
je eigen bloed horen ruisen?
't is of kruipt hier de tijd
over kille plavuizen.

Wat ik mis is jouw warmte,
en alles wordt levend.
Kon ik jou nu omarmen,
daar zou ik alles voor geven.

281191

PATRON GERARD

In de schuur waar ik werk waart een ziel door het duister
vertelt kwaad over angst zelfs wanneer ik niet luister.
Je bent uit je verband: veel te vroeg opgehaald
halverwege je opus is het doek neergedaald

Niets helpt...

De rillende trilling van de vleugels van vlinders
het beeld in de tuin van een roodborstje ginder
hou maar op, laat maar zitten...je *hebt* daar geen vrede
jij hoort niet daarboven. Jij hoort hier beneden.

Andere gedaante...

Ik torste je kist door de kerk van ontkenning
wellicht in de hoop op een vorm van gewenning
en jij lag daar waarschijnlijk geniepig te lachen
en sloeg om, prematuur, van vlees tot gedachten

Laat niet los en vaar mee...

Om me heen klinken stemmen met raad en adviezen
"Zet verdriet van je af, je moet kunnen verliezen"
Maar blijf jij maar bij mij, mijn spook van een maat
Kijk maar mee hoe ik leef en hoe 't ons vergaat

140812

VERTEL EENS........

Vertel eens van geloven
Vertel eens van beloven
Vertel maar van gelogen,
vertel wie wordt belogen.

Waar zit de ware zin van dingen?
Vertel waarom 't niet door wil dringen,
waarom mijn woorden diep verzinken
in het drijfzand van jouw nijd verklinken.

Wat weerhoudt oprecht verlangen
houvast te krijgen aan die bange,
kille, glibberige wand
van aangedrongen misverstand?

Vertel eens wat mijn daden zullen doen?
Zijn zij de enig echte tekens van fatsoen?
Zijn alle woorden te verdoemen
voor jij ons wij zult noemen?

Je hebt me veel geleerd.
Je hebt je tegen me gekeerd.
Je haalt soms uit, alsof 't niets geeft,
en "God zij dank", denk ik, "je leeft".

291091

De wereld is droef,
mijn pen is wat stroef;
Waar ben je nou?

Soms lijkt het of jij
ergens hier bent - dichtbij,
kom gauw...

Waarom werd je nou ziek
in die dromenfabriek,
zo onvertrouwd?

Hier wacht mijn hart,
geteisterd, getart,
vol berouw.

Zonder jou ben ik niets
dan een roestende fiets,
vervallen gebouw.

Ik zie uit naar de dag
luist'rend naar jouw lach.
'k hou van jou.

        301191

MIJN VRIENDIN

Er leeft sinds kort een stad in mij.
Er staan gebouwen, er leven mensen,
auto's razen over straten.
In de drukte klinkt geluk.

Waar vroeger dorst en honger heersten,
waar de verveling Grootvorst was,
staat sinds kort een grote kermis,
sirenes, kinderen, lichtjes, druk.

De drooggevallen oude put
heeft plaats geruimd sinds een paar jaar
voor een fontein met duizend stralen -
fonkelende koele spetters.

De barak waar eerst mijn hart vertoefde
is met de grond gelijk gemaakt
Er staat nu een Romeinse tempel,
maar niet zo'n oude, mooi en nieuw.

In mijn stad woont geen politie,
slechts één paar handboeien is daar;
van goud zijn die en veel te klein
om iemands polsen te omvatten.

Mijn stad heeft liefde als benaming,
en warmte als kenmerk
En statigheid en schoonheid
genegenheid en erotiek.

De stad die woont in mij -
Dat is de stad waarin ik woon;
ik wou dat ik in deze stad
geboren was
    230586

GEPROMOVEERD TOT VREDE

Ik ben uitgeschreven.
Heb de Muze weggegeven
aan een man zonder mond.

Mijn pen ligt te wenen,
mijn papier te verstenen.
En ik lig op de grond.

Ik kan niet bewegen,
en spreek niets meer tegen,
van wat ik steeds maar weerstond.

Dat vele, eerst zo nodig,
't is nu slechts overbodig.
Of verkeerd. Ongegrond.

Hebt met mij niet te doen
'k beleef een dierbaar visioen.
'T is voor mij afgerond.

                          51291
                          † A.W. ter Horst sr.

Vandaag brengt de dageraad
zijn gulle gulden offer.
Zijn warmte uit de zon geput
stort wet en orde op de straat.

Gepaard met dof gestommel
versnelt de wereld in zijn pas
de mens slikt snel de eerste koffie
en baant zijn weg.....
                        061086

DODELIJKE ANGST VOOR HET NOODLOT

Ik leef als een sjeik
ben de koning te rijk
niemand is me gelijk

Ik heb alles zij niets
ik heb een gloednieuwe fiets
en soms geef ik ze iets

Ik koop me zuur, koop me naar
voor bankroet geen gevaar
ben me niemand gewaar

toch besluipt dat gevoel
je soms, vochtig en koel,
dit is toch niet je doel...

Wanneer komt het moment
uit een hoek, onbekend
dat je uitgeteld bent?

Wanneer komt men mij halen?
Wanneer moet ik betalen
van het voetstuk afdalen?

010692

MILAAN, CASA ROSSA

Je keek zó verveeld
naar de zoveelste cliënt
en had je ingebeeld
dat men je niet erkent

Als hij niet naar je keek
keek jij recht in het niets
zo wazig, zo bleek
zo'n teder iets

Gezicht zo gaaf
je handen rank
je wiegen traag
je vel zo blank

Je rookte onverschillig
blies kringen voor je uit
gaf hem z'n verdiende glimlach
voor de valse streling op je huid

Je deed je best
als hij niet at.

Zijn dorst gelest,
zijn bord gehad,
keek jij nog 'ns op
hielp hem met zijn taart
je moet nog vannacht
maak het af, en hem 't waard...

                              120192

EVEN GETALLEN MAKEN

Ieder ding gaat gepaard
met een ding van zijn aard.

Elke mug, 's avonds laat
als de klok tienen slaat
krijgt steeds steevast zijn zin
en mag een vrouwtjesmug in.

De kameel, 't is bekend
bij wie kamelen goed kent
mag bij 't vrouwtje één keer,
maar ja, hij hoeft ook niet meer.

De olifant, veel geduld,
krijgt alle wensen vervuld:
De meisjes houden van rennen
maar zijn bereid te verwennen

En ik, hoe is het met mij?
Een man, wat hoort daar nou bij?
Ik doe het met JOU
omdat ik van je hou.

200692

VRAGEN STELLEN

Soms ben je een reus, soms dokter, prinses
Soms moeder, soms dochter, balletdanseres;
je hoort het applaus, ziet juichende mensen
die rozen lancerend zich een bis van jou wensen.

Met je hoofd in het bad zie je vis onder water
zo heerlijk in eenvoud, zonder zorgen om later.
Jij daagt goed en kwaad voor je eigen gerecht
je vraagt over alles wat is, en terecht;

je hoofd soms een tikkeltje scheef, naar één kant,
en ineens zie ik weer, dat dat lichtje daar brandt:
Je ogen fonkelen weer, je leert weer iets bij,
je ziet de lol ervan in, en ik zie, 't maakt je blij.

En is het niet beter, dat je nu nog niet weet
dat je iedere vraag die je stelt weer vergeet?
Maar bedenk, de tijd komt, waarin mijn antwoord van toen
het als beste repliek aan jouw dochter moet doen.

                                            010692

LOVE ME LESS

Hou van mij, maar minder
geef de lucht rondom een kans
zich te verspreiden en verhinder
dat ons die waas omkranst

Die waas, die dove tinteling
emotionele transformator
van twijfel tot vertwijfeling
van voorgevoel tot echte kater

Laat ons elkaar gewaar zijn
laat ons zichzelf niet bannen
geef ruimte aan jezelf en mij
bedaar elk blind verlangen

denk aan toekomst
en bouw in heden
bewaar wat in je opkomt
uit jouw en mijn verleden

ga 't duister uit de weg
laat dat lichtje leiding geven
volg de weg, het komt terecht
een heel lang leven.

150292

Vandaag is het feest Vandaag schijnt de zon ook 's nachts	Oggi e' festa Oggi splende il sole anche di notte
Gisteren met z'n tweeën Vandaag twee en half Morgen drie	Ieri in due Oggi due e mezzo Domani tre
Drie, een wondernummer Een garantie voor onsterflijkheid	Tre, un numero-miracolo Una garanzia per l'immortalità'…
Een stempel op je leven een bloem op je revers een nieuw hoofdstuk	Un timbro sulla vita un fiore all'occhiello un capitolo nuovo
Vandaag is het feest Vandaag schijnt de zon ook 's nachts.	Oggi e' festa Oggi splende il sole anche di notte.

EEN DAG OUDER

De wereld staat op zijn kop
Ik moet erom lachen.
Een prent aan de muur, m'n verleden erop
niets van te verwachten

De tijd loopt snel naar het punt
Vaak doet het me denken
waar men elkaar terugtellen gunt
tot we allen verzinken.

Een nieuwe fiets, een eerste ijsje,
je schooltijd... of later.
Zo snel schiet de roes aan je lichaam voorbij
Je blijft over, alleen, met een kater.

010692

WE KOMEN TE LAAT

De hemel, de trots, gelijkenis van woorden
Dingen die vergaan en die we eerder hoorden.
Terecht, met onrecht, verdraaid, vergoelijkt
De opzet achter eenzaamheid.

Verhalen over vroeger, gezelligheid, geduld
als een oude hutkoffer in tule gehuld
De mens als centrum van de hemel
Als de wisselwachter van het leven.

Bedenkingen, bij maanlicht en bij open haard
waar, echte en onware waarheid geopenbaard,
persoonlijkheden over en weer
het leven verder doorboetseren.

200692

DROOMKASTELEN BOUWEN

Ik wil een huisje, klein maar chique
tussen bomen, landerijen
een uitzicht op een molenwiek
op vrouwtjes die sokken breien.

Ik wil de baas zijn in een huis
vol nieuwe mooie en vreemde dingen
en kleuren schieten tegen 't grijs
en al het saaie tot bloeien dwingen.

Ik wil een rode hal, een groene kamer,
een gele keuken, de garage blauw
Ik wil een plaatsje voor mijn schaamte
maar ik wil niets meer - zonder jou.

250692

ONTPOPT EN VERDWENEN

Een morgen met een dichte mond,
de maan verdreven door de mist;
vergeten kampvuur op de grond:
Ik heb me weer vergist...

Jouw lege slaapzak, als een huls,
als een cocon, bedekt met dauw
een megafoon die van liefde brult
niet jij van mij, maar ik van jou...

Toen jij als rups mij zacht omarmde,
en aarz'lend zuchtte in mijn oor,
mijn hart met jouw muziek verwarmde,
had ik het nog niet door.

Natuurlijk, je was en bent een vlinder
en ik een oude idioot.
Ik waande mij een eerlijk vinder...
Jij bent nu echt; en ik ben dood.

020902

ANTWERPEN IN DE ZON

Antwerpen in de zon,
Een glaasje Rodenbach met grenadine
Kabaal, een luifel, vreugdebron
De strijd van voorspoed tegen 't ongeziene

Een kinderlach, een hoge hak
Een korte rok, een tas van een boutique
Een modderpoel met hoogglanslak
Draadloos bestuurde erotiek

De hele wereld op een klein terras
Een dame, een accordeon
Bijna zoals 't vroeger was
Antwerpen in de zon

240602

OP WEG, ONDERWEG

Een vlucht, een vliegtuig
tijd voor een gedicht
de Hoogte, de Tijd die zich schuilt
achter de afstand die voor je ligt.

Niet klassiek, zo'n raar vers
over moderne transporten
Niet de natuur, of de liefde
Vlammend zwaard, brandend hart.

Op weg, onderweg
geen idee, veel gevoel
De minister die wacht
is je enige doel.

Nu Parijs, morgen Wenen
te veel poespas, vind ik
't zou tijd zijn te minderen
ook al doe 'k of 'k me schik.

250692

Soms is een treurig eind nog minder pijnlijk
dan een verkeerd begin.
Terug naar de oorsprong, naar vóór dat verlangen
naar vóór alle wreedheid van onbeantwoord enthousiasme
Het is vaak een troost, als de draak is gedood,
En men zich laven kan in ontwapenend medeleven.

                010692

Als ik dromend naar de bladeren staar
en ik m'n eigen hart voel bonzen,
vertoef vergetend op de plek
waar jouw en mijn geworden is tot onze

Daar spoelt wat drijfhout aan: herinneringen,
met lange teugen, zacht en stil
bij de oever van opnieuw beginnen
van wat je van je leven wil

De dag, een trechter van gebeurtenissen
brengt grauwe druppels naar me toe
melancholieke tikken tegen ruiten
en niemand vraagt hoe je je voelt.

Verweekte bloemen in bloembakken
De druk van toekomst tegen heden
en het gevoel te lijf, steeds weer,
dat je het best had, in 't verleden.

160992

AMAZONAS

Van vocht doorvlochten groen geweld
De geur van wierook, rozenhout en hars
Gevaar, beklemd onder klam gewelf
- de blauwdruk van genesis.

Een injectie mensjes buiten verband
Een dorpje, gebouwd voor de enkeling
Een aapje; een meisje aan de waterkant
wast zonder notie haar eerste kind.

De tocht, op zoek naar 't alligatornest
- ze lijken afgericht en vetgemest
De jungle, waar je de weemoed raakt
als blijkt dat palmhart in blik beter smaakt

De reden voor natuurbehoud
Het dof geklop van een generator
De klank van het tropisch regenwoud
haalt nog geen generatie later

271292

NEDERLAND

De wieken van een windgemaal
trekken strepen door de lucht
De wolken suizen in getale,
lijken eeuwig op de vlucht

Het giert, het gutst, het klettert
Het broeit onder mijn oliejas
Onder mijn fietsband het gespetter
Druppels op mijn wollen das.

Nederland. De Geuzen en de dijken,
het dode strand, de grijze zee
Begint steeds meer op "daar" te lijken
maar 'k draag het steeds hier in mij mee

Provinciaal kleinzinnig, stedelijk rebels
Een koekje bij de koffie, op de bank
Het land van "lekker" en "gezellig",
van bloemengeur en koeienstank.

De grootste stip ter wereld
Hoogste woord van een pygmee
Flinke meiden, stoere kerels
Europa aan de zee...

030902

EEN DROOM

Ik heb geen borsthaar meer
Geen witte draden ouderdom
Ik heb me wild geëpileerd
Een vlakke borst, daar gaat het om!

Ik word niet ouder, ik word jonger
Ik ga straks sporten, op dieet
Al moet ik sterven van de honger,
blijf eeuwig twintig, word atleet!

En iedereen blijft naar me staren
en gretig vragen om een kus
En van mijn torso zonder haren
worden alle vrouwen ongerust!

Mijn goudbruin glinsterend gelaat
is storm in ieder dameshart...
Oh mijn God...de wekker gaat...

                                        020902

HOOG BOVEN DE WOLKEN

Hoog boven de wolken
Lijkt de wereld een soort schuimpje,
Een slagroomsoesje voor Klein Duimpje
Boven de wolken

De horizon lijkt op een foto
Een stilstaand beeld van een woeste zee
En niks beweegt hier mee
met mij, boven de wolken

Een sporadisch gat in de marshmallow
Maakt ruimte voor mijn spiedend oog
God, wat zit ik hoog...
Boven de wolken

      050901

STENEN ZOON IN DE STAD

Je hebt nu op je hoofd
een doornenkroon van prikkeldraad
die roestig, stekelig en oud
op je bleke voorhoofd staat;
en in je starre handen
weerspiegelt zich een waas
van oecumene en verzoening
en antisceptisch pleistergaas.
Op je met bloed besmeurde zij
die overigens is schoongewist
prijkt nu het woordje "Wirtschaftswunder"
en ietsje verder "anarchist"
Weg stigmata ook aan je voeten
dichtgemetseld met beton –
en de bodem van atoomtijdperk
begroeid met paddestoel rondom.
Je lendedoek is wat je restte
en die is vorig jaar gekraakt
en later bij herstelde orde
van polyethyleen gemaakt.
Je stugge haar hangt van vervuiling,
de weemoed in je glimlach ruikt
naar oorlogen en haatcampagnes
waartoe men jou nog steeds misbruikt.
Men noemt jou nog vrij vaak
als toeristische attractie –
of als een vreemdeling hier vraagt
naar de standplaats van de taxi.

LUCIA

Een moeder, een kind,
een vriend, een geliefde
een wereld van maskers beklonken tot één
De noodzaak, de onzin,
kwintessens van de liefde
in het lijf van een jochie, met borsten van steen

Je hoofd is een grot
met duizend gevaren
Je hart met afstand 's werelds grootste klomp goud
Je grimassen, je haren,
je wilde gebaren
niet meer dan een scherm tegen angst en berouw

Vergeet je verdriet
en bewaar al je tranen
Geef die vonk in je hand
aan wie haar verdient
en laat mij me maar rustig Pygmalion wanen
een kus, af en toe, en ik ben bediend

          191101

VOETBAL IN ROME

Oorverdovend hoorngeschal
Een zee van geel met rode vlaggen
Orkaan van bulderend gebral
Miljoenen die bezeten lachen

Rome in de ban van dwaasheid
Tierend gierend in haar onbenul
Alle mensen zijn hun haast kwijt
tot brei verworden met gebrul

Diskreet, op mijn balkon
Sla ik, mijn oren dicht, de meute gade
Ik wou dat ik ontvluchten kon
Zoek rusteloos naar wat genade

Een "Scudetto" rijker, onverschaamd
Rukken de massa's naar de straten
Een sissend gistende hysterie-draak…
En niemand heeft iets in de gaten.

De angstaanjagende psychose
Doet mij aan nazi-Duitsland denken
De massa's domme weergalozen
Doen mij in schuldgevoel verzinken.

                170601

LANGE WINTER

Vandaag draait de wind
De lente begint
De sneeuw maakt een raar
verontschuldigend gebaar
Het grijsgrauwe gras
dat sappig groen was
kruipt traag overeind
waar de ijslaag verdwijnt
Een vlinder strijkt neer
Ik hoor de vogeltjes weer
We wassen de ruiten
Straks het tuinstel naar buiten

           010499

EEN PEN VAN LAQUE DE CHINE

Ik krijg voor mijn verjaardag
over een maand of zes een pen
Niet dat ik die verdiend heb,
maar gewoon, omdat ik jarig ben

Mijn beste vriend, een klasgenoot
heeft sinds drie jaar een kind
doet boodschappen, tuiniert en kookt,
en is vol "in 't gezin"

Waar is toch al dat ideaal,
de maatschappijkritiek gebleven?
Mijn bonte verentooi is vaal:
de bourgeoisie alles vergeven

We hangen nu gordijnen op
hebben hernia's, aambeien, jicht
Vliegen business class in Megatop
en rijden nooit meer door het rode licht

Mijn dochter vindt mij saai en grijs
Ze kijkt met argwaan en wat zuur:
Ze legt me uit, met klaar bewijs,
"Geloof me Pa, rap is cultuur"...

                          140196

DE OVERTOCHT

Van een kind, tot een vader
eerst nog leerling, maar later
een mens vol verwachtingen, haast en geweld

Schoolgaande jeugd wordt volwassen
nog tegen niets opgewassen
maar al wel eens per maand ongesteld

Een relatie, dan je bul
vaste baan, grote knul
een blauw pak aan, een tas vol met geld

En een eeuwig knagend gevoel
Een vaag dolen, zonder doel
Ieder jaar weer een jaar erbij opgeteld

En dan gaan de eerste vrienden
dood, die 't niet verdienden
en je hebt ze het eigenlijk nooit verteld

Nooit gezegd hoe het voelde
toen je samen opgroeide
en toch heb je ze later bijna nooit meer gebeld

250196

VLIEGTUIGEN

De druk op je oren,
een jas verloren
een zonnebril kwijt
een gevecht met de tijd

Een vurig gehos
van gekoppelde, en los
aandoende gegevens -
en duizenden mensenlevens

Een vlucht die geen vlucht is
voor mij
Voor een ander misschien
een slecht leven voorbij

In net pak, goede moed
of de zon tegemoet
in tricot zonder remming
op zoek naar bestemming.

                180393

OP WEG NAAR ZÜRICH

De truc,
een gebukt gevoel
onder wagens van schuld -
een aarz'lende bloem
met onmeet'lijk geduld

Ik voel - het gevoel
van een hand in de ruimte
een streling, bespeling
een donszachte pluim

Van ver schuift een wolk
als een trekveer voorbij
ik zweef - ik voor jou
jij voor mij

                160393

DIMENSIES

Hoe groot is een bloem
voor een mier?
Hoe hoog zijn bomen
voor de mensen hier?

Hoeveel is veel?
Hoeveel kan een hart hebben?
Hoeveel te veel
kan een mens zeggen?

De dans, rondom het vuur
De laatste glimlach voor de dood
Soms minuten, soms een uur
Groot is klein, klein is groot.

051201

IN EEN BAR

Een mooi pak aan
een stropdas voor...
een nieuwe bril
elegant, galant, voornaam

Een boekhouder misschien?
Of iemand van Price Waterhouse?
Zo belangrijk, en zo jong
een groentje, zo te zien...

Misschien heb je geluk
Misschien krijg je het licht te zien
het gordijn opzij – heel misschien
ga je niet altijd gebukt

051201

MOSKOU

Grijze bewolking.
Grijze bevolking.
Koud en grimmig, en het leek voor altijd.

Tijd speelt geen rol
en een heel land vol
wachtenden, over rijen verspreid.

Wachtende mensen,
gesloten grenzen,
door leugens gedreven, tot niets meer bereid.

En dan, door een toeval,
de kracht van een aantal,
de weerzin te lijf, van beklemming bevrijd

Hoop, troost en angsten -
de oudsten de bangsten -
voor het eerst van hun leven tot denken verleid.

Afwachtende mensen,
zonder zekere grenzen,
door de toekomst verlost, op zoek naar de tijd.

190991
(Een maand na de putsch)

WIE JE DACHT TE WORDEN

Een wit blad, een gedachte
Een gedaante in de mist
Honderd daden, duizend zonden
en het noodlot – onbetwist

In de waas van het verleden
onder stof als op een heel duur boek
liggen antwoorden vergeten
waarop ik nu de vragen zoek

Vroeger was het zo eenvoudig
Ja is ja; gelijk – gelijk
En nu, steeds meer wantrouwig
Een miljoen teleurstellingen rijk

Een ring, een foto, een verhaal
bouwen puzzels van mijn rimpels
en vertonen in hun tovertaal
mijn vlag allang niet meer met wimpel

      131201

EDELE GEVOELENS

Het gedrocht van onenigheid
Een leegte die alle ruimte vult
verslindt hong'rig zelfs tijd
en ondervoedt ons geduld

Het monster van wenning
verzadiging spreidend
vervangt eerbied door krenking
laat zich door nijd geleiden

Er waren dagen waarin jij en ik
ondeelbare massa's van wij konden vormen
Nu lijkt het wel of het geluk
ons slechts apart, één voor één kan omarmen

Er zijn zaken te doen
er is succes te behalen
en het zou dom zijn verzoening
daarvoor te betalen

                150493

SAMEN IETS DOEN

Een plastic verpakking
een vuilnisemmer vol
een trillende traan
die over mijn wang heen rolt

Het geruis van je bewegingen
een pijnigende belevenis
Hoe kan een mens jou straffen
Al tracht je mij te treffen

Een leven achter, een leven voor
De dood overwonnen, de dood tegemoet
Voor verleden vol afschuw voor nu vol vragen
voor toekomst een vage hoop
En een lege koffer.

150493

GEVANGENIS

Het is een mooi gebouw
een groot gebouw
en hoog
en uit de ramen hangen lakens
dwars door de tralies
trieste bakens
van berouw

Grauwe muren turen hoog
over de stad
en de laatste mannen
in het zwart
die in de poort
al staan te wachten
schoppen stijfjes tegen
samenraapsels
van wat wilde nachten

De zon komt hier niet op,
en om 10 uur gaat de T.V. al uit

                Moskou, 210283

Voor mijn huis
staat een meneer
van meters hoog
en groen van kleur

De vader van het vasteland
met één been aan de overkant
van de rivier
en d'and're hier

Hij houdt de regens in zijn macht
en draait het licht uit voor de nacht.
De sterren draaien om hem heen
De maan zijn zaklampje van steen

De regenbogen op zijn jas
houdt hij met beide handen vast
zijn gouden schoenen van fluweel
staan in de ochtendzon;

De wind windt zijn haren rond
een zilv'ren bonestaak
De mensen houden niet van hem
en als ze schieten is het raak

210283

LAND

De lucht van de zee
met zijn schuimende golven
groengele monsters
onder rotzooi bedolven.

In de verte de meeuwen
die nu dan na eeuwen
niet veel meer verschillen
van blikjes en schillen
wanneer in de verte
de zon erop schijnt.

De kleur van het land
op veel plaatsen gelijk
vaak erg verbrand
- een afzakkend rijk.

De kleur van de liefde
die de harten doorkliefde
in herfstige dagen
is aan het vervagen.

De bomen zijn kaal,
de aarde is schraal.
De lucht van de lucht
allang niet meer blauw
hangt zwaar aan de hemel
gedrongen en grauw

Onhoudbare dikte
van bijna gestikten
rijzen, vergrijzen,
verharden, verijzen
en achter de stad
ligt wat ik vergat

Moskou, 210283

ETNISCHE MINDERHEDEN

Er leeft een beest in mij
een beest van haat en nijd
een langzaam knagend ongedierte
het roofdier van het onderscheid

"k ben wit, en jij bent bruin
Jij hebt mijn erf geïnvadeerd
Ik ben recht, en jij bent schuin
Jij bent dom, en ik geleerd

Jij ruikt soms raar
poetst nooit je tanden
Je bent een gevaar
hebt vieze handen"

Er leeft een beest in mij
een beest van blinde haat
"Ik was op tijd ontwikkeld
en jij gewoon te laat

Heb jaren lang jouw land bezet
je uitgebuit, je onderdrukt
Nu word je mijn land uitgezet
gaat weg, geslagen en gebukt

Ik ben de blanke mens
jij bent de zelfkant van de planeet
Ik heb een winnend lot
en jij bent een proleet

Alleen een oorlog tegen buitenaardsen
brengt mij misschien nog tot bekeren
Misschien kom je dan nog wel van pas
om kogels af te weren"

250498

RUSSISCHE VROUW

Onwennig, verscheurd
tussen wereld en hel
onverwacht - overkomen
en aan niemand verteld

ongeveer openbaar
niet te zien, en geheim
niet voorzien, niet echt waar
soms bedrog, dan weer schijn

Het gevoel in je hart
de cadans van je adem
vermeerdert de smart
maar vermindert de schade.

160393

BETER KUNNEN

Je geeft niet op
je wilt je zin
je heft je kin
je zegt geen stop

Je haar is wars
je houdt je dwars
je tong is schel
je gedraagt je fel

Je stembanden trillen
Wat zou je nou willen?
Je bent nog zo'n kind
Hebt dit niet verdient.

150493

Een man in een kader
zoekt in hoeken een uitgang
soms minnaar, soms vader
beschermd voor teloorgang.

Een kaartjesverkoper
op een kermis voor and'ren
heeft zijn kiosk ervoor over
om zijn zijn te verand'ren.

De muziek treft zijn hart
de kind'ren die zingen
Hij voelt zich getart
tussen kleurige dingen.

In de nauwe vier hoeken
van zijn kaartjeshuisje
is een man aan het zoeken
naar zijn eigen paradijsje.

251193

Verlies is een verdriet
Gewin soms slecht, soms niet
Een wei is groen, een boom soms hoog
teveel gepraat soms saai soms droog

Verhalen zijn te lang,
van films word je soms bang
een avontuur, vergeten op een steen,
laat soms een spoor, en soms ook geen.

Gegeven is gegeven
Terugzien en beleven
een blik, een regenboog, een vuur
een tedere omhelzing voor een uur.

De tijd, een menuet
rondom een wit spinet,
vergeet soms flarden van weleer
en geeft soms oude dingen weer.

Soms, zij aan zij met jou
met wie ik breek en bouw
denk ik terug
aan wat nog komen moet.

SOCHI

Vijf uur vertraging
en een gelaten gevoel
alsof niets meer gewicht heeft
alles leeg, zonder doel.

In de handen van and'ren;
bonte was in de wind.
Je kunt niets verand'ren,
je lijkt op een kind.

Naast me een dame,
een del, eigenlijk meer:
Leest een krant, horoscoop,
en kijkt eens een keer.

Een blik van een mens
zelfde noodlot als ik
ik stap over de grens
geef een vriend'lijke knik.

Een mens waar ik anders
nooit mee zou spreken
is in vriend nu veranderd
en is zonder gebreken.

131294

TREFFEND VERGETEN

Een kleurenrijke fantasie
Een bloem in de stilte
een haal over een harp
een vuur in de kilte

Een kabbeling, een bries,
een overgang van geuren
een gemeende zoen
achter dichte deuren

Terugzien op geluk
En niet gebukt gaan onder heden
en opgewekt vergeten
hoe men gister heeft geleden

Het aanzien van een dag
al in de nacht tevoren
roept tot bezinning op:
Ik wordt ik opnieuw geboren.

150493

PADDESTOELEN GEGETEN?

Een vakantiefoto van Venetië
ligt voor me op tafel, met jou erop
Jij kijkt naar mij, ik zie je
Een traan valt in mijn koffiekop

Ik kan de wereld dezer dagen niet goed aan
Het is, als is er ergens iets gebeurd
Een doof gevoel, wat stil en aangedaan,
alsof je nog niets weet, maar wel vast treurt

Mijn maag van streek, en slapeloos
verschuil ik mij achter mijn pen
Honderd foto's in een schoenendoos
wijzen de weg naar wie ik ben

Honderd foto's - honderd mensen,
telefoonnummers uit 't hoofd
maar een panische angst voor 't onbekende
en toch - één van hen is bijna dood

Wie is het, die ik straks nooit meer ontmoet?
Soms voel ik allen even vaag
en lijkt het of ik zelf voorgoed
het afscheid met hen in mij draag.....

                        140196

MOOFUSHI NA EEN CARDIOGRAM

Vergeten, verlaten
in een parel aan de zee
Te laat terug te keren
alleen, ontevree.

Een groep rare mensen
met een blik van gewicht
zitten allen te kijken
en ik schrijf een gedicht

                        121294

STRAF

De straf: terug naar af
te veel, in 't geheel, soms zo laf
't gaat te ver.

Als de weemoed je gijzelt
je mooie glimlach verbrijzelt
dooft zich een ster

'T is maar even geleden
en het lijkt al verleden
- en geen wonder.

Het is de kruik en het water
De fout nu - de les later.

                    120391

EEN RING IN EEN RING

De kamer vanuit waar men 's nachts cruiseschepen ziet
verzet zich met trots tegen plots'ling verdriet
Zelfde kleur, andere geur, oud geluid, nieuwe stilte:
De herinnering smeult als een vuur in de stilte.
Het vertrek dat ik vol valse weemoed betrad
bleek nog steeds 't paradijs waar ik de wereld vergat
In mijn hoofd, na wat schaamte, speelt verliefdheid muziek
bij een vrouw zoals jij past geen lage tragiek.

TELEURGESTELD

Het leven
een eeuwig balanceren tussen links en rechts
goed en kwaad, licht en donker

Een eerste gevoel dat je duid'lijk de weg wijst,
doch een aangeleerd fatsoen
wendt je af van de waarheid

Een tijdbom om je hals
een guna-guna in je leven
een moment, heel even

Je gaat eraan
zonder te willen
men wil je bloed zien op de stoep

En sommigen, geduldig
zitten daag'lijks op de loer
klaar voor het nekschot

              130296

ACHTER DEUREN

Achter een wand zit een man met een grijzende snor
gebogen, met glimlachend zwijgen te horen,
met een koptelefoon en een wirwar van draden
op zoek naar een uitkomst, geen seconde verloren

Aan de andere kant van de huigdunne muur
zit een moeder haar kind een verhaal voor te lezen
uit een boekje, al jaren verboden, verstopt
bovenop, achteraf, op de spoelbak gelegen

De man slijpt zijn potlood tot degen, met kracht
draait een punt aan een helft van zijn machtige snor
De vrouw fluistert voort, draait een bladzijde om
en leest moedig door, kind devoot, haar stem schor

Als langzaam de zon over Moskou neerdaalt
steekt de man zijn papier in zijn vuilgrijze jas
Hij staat op en hij schuifelt verdwaald naar de deur
schudt zijn hoofd en verdwijnt in de metro, volgas

's Avonds gaat zijn bericht - als beloofd - op de post
zijn gelaat vertrekt licht bij 't gebaar van zijn hand
Hij strompelt op weg, naar de metro, naar huis;
op het briefje de woorden "Contact: Niemand thuis."

150594

Als een waterval 's avonds bij maanlicht
Als een altsaxofoon met mijn mond dicht
Als een treurwilg, gebukt onder dauw
loop ik rond in de stad zonder jou.

Een gevecht met de dood van verveling
bij een schrijnend gebrek aan jou streling
De verwarring van ruimte en tijd
heeft tot angst en beklemming geleid

Achter mij loopt een man met een bolhoed
in de leegte ertussen de weemoed
Met een grote sprong mis ik een plas
en maak een ballon van mijn jas

En weer terug op de grond gaat de tijd door:
En opeens lijkt het of ik je stem hoor
En de stad - in verbazing - ziet toe
hoe ik deze man zijn bolhoed afdoe

Voor een fractie van tijd ben ik bij jou
in het deel van mijn hoofd dat ik vrij hou
En een dagdroom verbrokkelt de pijn
en de stad lijkt de onze te zijn

                                        230194

Een dwarsfluit zoekt vergeefs een noot
getuite mond, een letter "o"
Twee vale ogen, bijna dood
Een starrig staren, lege doos

Ik weet niet wat je van me wilt
Je kent mijn liedjes, danst niet meer
De tonen grijs, maar jou te schril
Je lach is weg, en komt nooit weer.

Wat gisteren nog vakantie heette
Is nu twee weken ergernis
En nooit zal ik meer zeker weten
Wat waarheid, angst of kwaadheid is.

Een opgerookte sigaret
een laatste rookkring in de lucht
een niet verschoonbaar hemelbed
De stilte scheurt, de vrede vlucht.

011196

Een mens is als een bij
in een leeggezogen bloemenveld
Hij vliegt door het leven.
bij ieder sprong een sprankje hoop
zich vastklampend aan iets
zoetgeurend kleurend moois
doch bij nader inzien,
Zonder redding
Leeg....
En zo wordt het leven
langzaamaan
een lange lijst
van onmetelijke lengte
En de mens vliegt troosteloos
zichzelf bedottend verder
van de ene deceptie
naar een ander...

MUILTJES

Met opzet, schijnbaar ongedwongen,
een Havana tussen ranke vingers,
een diepe blik, haast ondoordrongen.
Een huig van liefdeslessen voor beginners

Een frêle en breekbaar silhouet,
knieën opgetrokken, bij de haard,
een blik van lang vergane pret.
Een rookkring trilt: Ik staar

Voor sommigen geschiedenis,
voor and'ren toekomst, of nog minder;
gloeiend vuur omhelst je beeltenis,
gedachten worden rondgeslingerd.

Vergeten kan nu niemand meer:
Een niet te stillen honger blijft.
Een laatste slok uit een hemels glas
smeult na....terwijl ik verder drijf.

210297

AFTER THE BEEP

Een vergeefse reis
Vlucht op een bol
de hoop verdwijnt
de tijd op hol

Een wazig dwalen
over groen en grijs
stijgen, dalen
persoonsbewijs.

Een telefoon,
een leegte tegemoet.
Geweten schoon.
Niemand ontmoet.

     171296

WAT HEB JE ERAAN

Een maagzweer en een emmer tranen
Herinnering aan een verkeerd diner
Je stond toen op, zichtbaar ontdaan
En nam mijn sterkte met je mee

Een terugkeer of een tweede kans
Zou een mirakel zijn denk ik gedwee
Maar zonder mij, uit je verband
Ben je alleen, en niet ons twee...

                            171296

WEG

Waar een wil is is een weg
maar als de wil weg is
is de mens in niemandsland
tussen dromen bloemenvelden
waar hij niet tussen uitgeraakt
om zijn zonden kwijt te schelden
Hij draait zich om maar ziet ook daar
niets dan gillende stilte
Hij vraagt zich schuldig af
Is DAT nou wat ik wilde?
En als hij dan geen antwoord krijgt
verzinkt hij alsmaar dieper
totdat hij nooit meer wakker wordt.

                    040480

VERSCHEUR MIJ NIET   -   VERSCHEUR MIJ NIET

Ik ben je spiegel
Hoor aan jouw wand
vraag om jouw hand

Ik ben de spiegel
van droevig heden
en vrolijk verleden

Ik ben een spiegel
Helder en trots
Breekbaar en bros

Ik ben de spiegel
van ijdele hoop
nergens te koop

Ik ben jouw spiegel
van jou alleen
Zoals ik ben is er geeneen

Kijk in de spiegel
Kijk naar de wand
Ik hang er voor jou
Ik smeek je de hand

100880

HIJ

Wanneer ik 's morgens vroeg
mezelf in de spiegel ontmoet
Dan groet ik mij hoff'lijk
en groet hij mij terug

Hij is zo anders
veel minder spontaan
alles wat hij doet
wordt al eens voor hem gedaan

En vooral 's morgens vroeg
dan kijkt ie zo stom
Hij vroeg op een dag
of ik iets kon doen

Ik ben toen naar de schuur gerend
heb de allergrootste hamer
genomen en hem vermorzeld
maar zelfs in de scherven
kon ik zien hoe hij mij
verlost en toch vol lijden
aankeek.
"Dankjewel, schoft"

030979

LENTE

Rode rozen blozen
in de schitterende zon.
Zij zien het paartje liefkozen
dat tevoren de liefde vond.

Maar in de winter
als het koud is
zit er nog maar één
Er zit een klein oud vrouwtje
met een bevroren been

                        061180

Ik kijk naar je foto
weet niet wat je dacht
weet alleen dat het niet is naar mij dat je lacht.
Je lacht naar een ander uit heel vroeger tijd
en toch ben je nu nog alleen maar van mij.
Je glimlach, je ogen je lippen je mond
zijn nu nog slechts deel van een duivels verbond.
Je vader, je moeder je broer of je zus
je hebt ze verkocht voor een simpele kus.
Je wilt ze graag terugzien maar mag er niet heen
want hoe je ook jammert mijn hart is van steen.
Je denkt vaak aan and'ren uit heel vroeger tijd
maar toch ben je nu nog alleen maar van mij.

                171083

DOOD

Waarom toch is een mens
als in een web verstrikt
verstrijkend met de tijd
gebonden aan zijn lijf

Oh, kon ik maar vliegen
zij het alleen met geestelijke kracht
kon ik maar verder kijken
en zien wat mij verwacht

maar ik zit opgesloten
in mijn eigen beweeglijkheid
En moet ik daarvoor danken,
voor die vergankelijkheid?

Oneindigheid is toch mijn grootste wens
Geef mij de kracht
Geef mij de kracht
En maak van mij de onsterfelijke mens

        261079

DRIE-EENVOUD

Opgerold onder je arm
leeft je toekomst gedwee
In een wereld van ja
heb jij gekozen voor nee

Je reageert heel verkeerd
op een waar gemeend strelen
terwijl onder je huid
alle zenuwen gillen

Niemand kan jou meer winnen
niemand is zo volmaakt
maar ik kietel je zinnen
heb je binnen geraakt

Draai toch mee met de wereld
en raas door het duister
Doe mee aan de wedstrijd
en verzink in 't gefluister

Daag jezelf voortaan uit
tot een hemels gevecht
Laat je los uit je ketens
want genot is een recht

                210198

REMMENDE AANTREKKING

Ik kijk naar jou - jij kijkt naar mij
Een frêle lentegeur stijgt op.
Het koord van mijn terughoudendheid
verknoopt zich als een slang tot strop.

Een eeuwig uitgesteld omarmen
komt hoorbaar sneller dichterbij.
Mijn bloed begint zich te verwarmen.
Ik kijk naar jou - jij kijkt naar mij.

Je te ontdoen van je verpakking
als een onmeetbaar kerstgeschenk...
Je aanblik onderdrukt mijn remming
maar ik vecht door, ik duik, ik zwenk

want als de laatste voile valt
en ons een houdgreep star vereeuwigt
is de verrassing achterhaald,
is de surprise ledig.

                                            260198

BOMEN

Troosteloos wiegend
snerpend in de gierende wind
krakend onder onguur weer
wachtend op verlossing

Zij staan, gedoemd
in gelaten verwachting
uit te kijken
naar de grote boem

Opziend naar de jonge twijgen
laten zij bedrukkend zwijgend
een harsdruppel biggelen
over hun afstervende bast

Zij wachten en zien toe
hoe langzaam het alwetend dier
zijn plan beraamt totdat
de laatste valt

                    110181

DOOD OP HET VEEN (EXERCISE DE STILE)

Tegenwoordig draaien molens
Achter lage heuvels droef, ontdaan
Sinds de wind van prille vreugde
voor altijd is weggegaan

Nooit tevoren zagen wolken
boven vennen op de hei
zoveel droevenis en tranen.
Wat een treurig schilderij.

Ik betrap mij op een denken
dat mij hier niets meer verder bindt
en laat nu de wereld weten
wat ik van dit alles vind.

Een gedicht als laatst relikwie
vastgespeld hier op mijn borst.
Ik zak langzaam door mijn knieën,
geef mij over aan de vorst

Over twintigduizend jaren
vindt men mij als veenmens hier.
'k wens de vinder roem en rijkdom
en natuurlijk veel plezier...

010497

TROUWEN

Getrouwd, een handvol rozen,
vast te houden met een traan.
Ik word, voor het goede en het boze
de meest bekoorde onderdaan.

Een bleke hand wordt trots geringd
Vergaarde vrijheid wordt gekortwiekt
een laatste vleugelslag verzinkt
in een bevredigend en vaag verdriet

De eenheid van twee polen
Vereniging van Noord en Zuid
Verplettert alles in het midden
met oorverdovend kraakgeluid

De Lente komt, de zon komt door
De weggeveegde traan verdroogt
En elke avond kruisverhoor
verzadigt langzaam mijn gehoor

Een gouden kooi, een haven: Thuis.
Gevoel van vrijheid binnen perken
En na het eten voor de buis
of samen aan een puzzel werken

200397

Ik word opnieuw geboren
Heb net een vriend verloren
Als in een draaikolk meegezogen
heb ik liefde tot haat verbogen

Ik weet dat hij daar ligt
verlaat het slagveld ogen dicht
Misbruikt, teleurgesteld, en moe
draai ik mijn ogen naar binnen toe

Ik zie een doolhof van emoties
apotheose van geweld
zijn schaduw, nu hij dood is
laat duizend dingen onverteld

langzaam kom ik tot erkenning:
ik ben een radertje, ik zit bekneld
salaris is een judaspenning
en lang niet altijd gewoon geld

      220397

ELIZA, VIDA MIA

Waar droom jij van?
Wat is het, wat jou steeds
naar buiten drijft?
Is het alleen omdat
je je vader niet begrijpt?
Of is die steen
-wellicht de steen der wijzen-
de oorzaak van jouw drang?
Wat kan het jou nou schelen
Wat buiten is gebeurd?
Wist jij misschien tevoren
dat jij was uitverkoren
te sterven net als zij
die net zo was als jij?

                240381

DICHTEN DICHTEN

Woorden zoeken
rijmt op vloeken
een ietsje chiasme
hou op! Ik beplas me!
Stop! Ik word gek
begin te malen
Twee emmertjes water halen

Drie kleuters op een hek
wat zullen die balen
van die stomme kleuterverhalen
Zo is't maar krek
alle dichters falen
't valt niet te achterhalen
In de ijskast zit een rek
vol kapotte eierschalen
Wie zal dat betalen?

Rijmen is gunstig
goed rijmen is kunstig
dit is een rotgedicht
het lijkt op een puisterig gezicht
Nog even een poëtische wending
Wat Engels for a soft landing
De BORSTEN VAN TREES
En klaar is kees

300580

RAZOR BLADE

Hij zag hoe de zwartgekapte man
honend lachend
voor een laatste keer
het blad opblonk.
Hij zei:"Je boft,
zo heeft het nog nooit geglommen."

Hij legde zijn hals in de hand van de dood
en prevelde een kort gebed
Hij voelde de laatste traan die hij vergoot;
de kracht ontbrak voor enig verzet

Het mes zoefde:
Les jeux sont faits,
rien ne va plus
Toen bleef het steken
-"Ik ben gered!"
het was maar even
voor het verderging

       110181

WIE VAN DE ZEVEN

Wie honger heeft krijgt brood
Wie naakt is is bloot
Wie lijdt zit in nood
Wie niet klein is is groot
Wie niet Bie is is Koot
Wie niet lief is een kloot
Wie ligt in de goot
is zo goed als dood

                    300580

DE BLOEM EN DE RUPS

Ik raakte je met aarzeling
vingertop aan vingertop -
en voelde hoe je schrik tot slot
tot twijfel overging.

Een streling, rank en iel
die ik heb ondervonden
alsof ik rechtstreeks was verbonden
met je hart, je ademing, je ziel.

Twintig minuten, elk van een week,
om je verzet stil om te kopen.
Ik voelde spanning door me lopen
terwijl ik in het donker naar je keek.

Er was muziek te horen
van een bevriende componist.
Het klonk alsof hij wist
van dit moment, in tijd verloren.

Alles was anders
zo innig, zweverig en zacht:
Versmelting in een te korte nacht.
Ik voel me nieuw, veranderd.

Wanneer ik steeds weer terugdenk,
mijn armen in elkaar vouw,
is het alsof ik je weer vasthoud
en mijn hele leven aan je schenk

Ik voel mijn tintelende vingertoppen.
Ik ben opnieuw een rups van steen,
wacht ongeduldig, als voorheen,
tot jij mij weer tot vlinder laat ontpoppen.

030298

OORLOG

Tijden eeuwen hele era's
vliegen in een zucht voorbij
het enige dat niet verandert
wat constant is, dat zijn wij

wij zijn nog steeds moordlustig
als in een pril begin
nog even ongeduldig
als veertig jaar geleden

Roemzuchtig en gevaarlijk
als Nelson en Napoleon
nog even onvermurwbaar
als de goden in het Pantheon

Maar hebben wij dan niets geleerd
van nederlagen en despoten
hoe wij de mensen eerden
die later op ons schoten?

Zullen wij dan nooit begrijpen
dat mensenleed niet baat
en altijd alles wéér eens
volledig naar de knoppen gaat?

Egypte Rome en de zondvloed
Griekenland en Pruisen
opgekomen en vergaan
geloofd en toen vergruizeld

We zullen toch wel nooit veranderen
maar ga elkander maar te lijf
vecht maar weer eens tegen d'andere
tot er GENEEN MEER OVERBLIJFT
       011180

Geluk is als de weg van de vrijheid. De weg stopt waar de vrijheid van een ander begint. Die "ander" moet men zoeken, om zo samen te kunnen genieten van een weg die dubbel zo lang is. Vindt men de verkeerde, dan liggen de wegen te ver uiteen, waardoor één van beiden zijn weg op moet geven, en men met zijn tweeën van een enkele weg moet proberen te genieten. Men had dan beter alleen kunnen blijven.

240479

DODE POES

We waren nog niet eens gewend
aan je gespring, je natte neus, je lange haar
je mocht niet eens de keuken in
nou af en toe, heel even maar

Een doos was een kasteel voor je
je at als was het voor de laatste keer
je speelde in je eentje tikkertje
en nu ben je er niet meer

Kasia, wat een naam van niets
een aangelopen poesje zonder thuis
je zou een eigen slaapplaats krijgen
en een leven als een luis

Ik heb nog nooit in God geloofd
en denk ook niet dat 't er van komt
maar ik bid voor 't bestaan van een kattenhemel
Daar is 't vast beter dan bij ons

100897

VRIJ NEDERLAND-LEZERS:

Mensen die er kennelijk genot in scheppen te zien dat Telegraaf-lezers griezelig zijn van het feit dat Vrij Nederland-lezers de Telegraaf belachelijk vinden.

De Vrij Nederland-lezer houdt zijn krant omhoog als een gebalde vuist. De Telegraaf-lezer verschuilt zich daarvoor achter de zijne.

MENSENLEED

Een gevoel, als een draad
in een gloeilamp
Soms gedragen door haat
soms verward

Een gegeven, een feit
dat zijn weg knaagt door tijden
en langzaam verglijdt
en verstart

Mensenleed, onbedaard
veegt laag over dalen
neemt volkstammen mee
zonder hart.

190397

Zoals ik bij jou ben
Zo ben ik nergens
Ik voel me zo vrij
te vrij misschien ergens
Jij stoort me nooit in doen en laten
Je laat me maar gaan
en toch hou je me in de gaten

Jij hebt me lief
Jij koestert mij in mijn verlangens
jij sluit je in je armen
Als een kind dat bang is
in het donker
En de fout die ik bega
zal jij mij nooit vergeven
En IK zal zonder jou
nooit echt meer kunnen leven

                              100880

OVERGANG VAN VLEES NAAR MARMER

Achterdochtig weggeveegd
en te laat in roem hersteld
In een oogomslag vernietigd
met vertwijfelend geweld
Met een zware ram in één stoot
van zijn voetstuk afgehaald
En pas nu, al jaren dood,
de juiste eer betaald

Een cynische toevalligheid
die als een rode draad
al sinds de mensheid heugen kan
door de historie gaat
Standbeelden, bas-reliëfs
en ander eerbetoon
gaan vooralsnog, voornamelijk
aan wie eerder werd gehoond

      261097

ABORTUS

Daar ga je dan – MIJN KIND
Ontsproten uit mijn zaad
ik kijk nog even naar je……..
voor je de vuilnisbak in gaat

Je was een trotse zoon geweest
een lieve dochter wel misschien
Je zou teveel hebben gesnoept
en geroepen zou je hebben voor het raam
DAG PAPPA!

                      060480

JIJ

Wat jij voelt
opgesloten in je holle bolster
je lege hersenpan
dat zou ik willen weten

Wat jij voelt
zwevend door lege ruimte
ploeterend, sur place, in schuimend niks
Een stap vooruit, twee pas terug
een vreemdeling in eigen huis.
dat zou ik willen zien

Wat jij voelt
wanneer je langzaam verder zinkt
en je jammeren steeds doffer klinkt
Wanneer je nagelt aan je kist
Geluidloos hamerend gist:
"Hoe lang?"
Dat wil ik voelen

Wat jij voelt
wanneer je galspuitend
rondsputtert
Als een geslagen kind kankert
misdeeld de aftocht blaast
Dat weet ik
Dat zie ik
Dat voel ik

221279

DAAR GAAT IE WEER

Pouilly Fumé uit een plastic partybeker
alles in dozen,
vreemden in huis
drie dagen baard, zonder werk, onzeker
we gaan op weg
naar een nieuw huis

Een waardevol bestaan
met trots gebouwd,
een laatste slok met droevige gedachten
we zoeken naar een nieuw stuk koord
een nieuwe buurt
en verstoppen ons erachter

Ons nieuwe huis, kasteeltje op het land
een vlekje hoop
een propje eigen trots
we gaan op weg
en nu wordt alles anders
we worden groot
en zijn al erg veranderd

Een nieuwe weg
een nieuwe hoop
maanden zoeken naar begrip
wij zijn alleen nog maar bij ons zelf thuis
we gaan op weg
naar een nieuw huis

310697

ATLETIEK

Je ranke dans, over de mat van het leven
in je hand een stok, met een lint eraan
een gebaar, alsof je alles wel wil geven
hoofd omhoog, in een cirkelbaan

Met je hand en je stok trek je kringen
met een sierlijke pas spring je er in
maar eruit, als met veel van die dingen
lijkt zo makkelijk, in het begin....

Hou je vast, aan principes en dogma's,
Als de wind je omhelst, leer de les.
En de kring die zich strak om je heenhaast
laat daarin heel je leven een bres

                                                200902

BELLIGÉRANCE

Er zit een mannetje in mijn slaap
dat kleine mannetje heet Jaap
Het is een echt brutale vent
brutaler nog dan wie ook kent
Hij is vervelend, houdt me op
en heeft een VRE-SE-LIJ-KE kop
Maar nu gebeurt het dat is waar
vanavond sla ik hem in mekaar
Zijn hoofd verpletterd op de stoep
zijn hersens door de hondenpoep
zijn ogen stuiten in het rond
tezamen met wat brokken mond
Zo is het dan met Jaap gedaan
die Jaap die nooit echt heeft bestaan

061180

ONTMOETING

Hij was zo mooi
eenzame fluitist
gehuld in geheimenvolle mist
pronkend in oranje shirt
een foto om zijn hals
waar hij naar wees toen
ik hem vroeg van waar hij was

Hij floot van zielsbevrijding
zoals een echte meditant
hij kwam van heel dichtbij
maar waande zich een deel
van dat hele verre land

Hij las me zijn gevoelens voor
en zei, bij een enkele valse noot
"Nee, zo bedoelde ik het niet"
Hij was zo wondermooi
zo onbegrijpelijk gewoon
ik hield van hem ofschoon
ik maar al te goed wist
Wie zijn kansen heeft gemist
is ook een slechte Baghwanist.

220980

PENSIOEN

Achtergebleven in eenzaamheid.
Afgeschreven door leeftijd
van de ene dag op de ander
in een nikskunnend wezen veranderd

Je probeert te vertellen
Hoe goed je was en bent
Wat je allemaal wel niet beleefde
Hoe voor jou, de man die alles weet en kent
de wereld in zijn voegen beefde.

Nu ben je niets meer
Je bent gedumpt
verschrompeld naast het andere vuil
Je bent tot last
en je kost geld

291179

TWEE PLUSSEN

Achterdochtige vreugde
Een spel achter gesloten gordijn
Gevoelens als vallende sterren
en begeerte om de andere te zijn

Als een snaar, straf melodieus
voel ik mij, wanneer jij mij streelt
Ik geniet van je warmte
in de tijd die je steelt

Een onstuimig verzamelen van vergeten gevoelens
Symfonie van voorzichtig berekend tenue
Ik voel mij bij jou elke dag in een smoking
Al weet je nog steeds niet of ik jij ben of U

En heel soms, ver verborgen
en door niemand gehinderd
ontpoppen wij haastig
als twee tropische vlinders

150897

INACHEVÉE

Wildeman
Wat doe je dan?
Wat heb je d'r an?
Je sluipt jezelf voorbij
jij gek
je bent niet lief voor mij;
vertrek!

En als je weg bent
en nooit meer terug zult komen
Kan ik eindelijk over iets anders

'80

THIS IS MY LIFE

My life has got its ups and downs
van achter en van voren
En hoe je 't draait of stuurt of keert
gevoelens zijn bevroren.

Ik waai met alle winden mee
en heb nog nooit verloren
ja echt ik meen het hoor nee heus
nog nooit nog nooit tevoren

Maar nu, zie hier, de dag is daar
Nu is me 't lot beschoren
het lot der ongelukkigen
en ik mag bij hen horen.

                          040480

Galmend klotsen mijn woorden
Op jouw dijk van begrip
Van jou af gezien lijkt mijn
schip in de deining
mijn liefde voor jou -
aan de kim slechts een stip

Onstuimige baren
mijn wilde gebaren
zijn in jouw licht slechts geschitter
Aantrekk'lijke tekens van een wereld vol glitter

Jouw rots van verzoening
in mijn blinde branding
lijkt soms te bewegen
wat mee te geven
Maar na mijn storm
uit volle kracht
sta jij overeind
in onfeilbare pracht.

De wind van je schoonheid
brengt mij aan het kolken,
jouw stille verdriet
is als donkere wolken,
ongrijpbare boden van zilveren tranen
Zoetsmakende parels die
dagen van zon mij ontnamen

Wanneer ik verdamp
dan word jij groter
Doch smelt mijn ijzige noorden
dan zullen delen die jou toebehoren
overspoelen door mijn trouw.
En in de verte spreekt mijn dreunende stilte
"Vasteland, ik hou van jou...."

120282

MARTHA

Jij hebt een brommer, en een vriend
en zelfs een ex waarvan je houdt.
Je denkt dat je veel hebt gezien
en voor je 't weet ben je getrouwd

Een hoofd vol tegenstrijdigheden,
een toekomst, zacht als was,
vluchten voor jouw kort verleden.
Soms ben je sterk, soms breekbaar glas.

Je past je aan bij luie vrienden
Je draagt hun kleding en gedrag
Soms denk ik dat je 't niet verdiende
Soms troost ik mij met jouw gelach

De eenzaamheid, die jou te wachten staat,
neem die voorzichtig in je op
Wees bescheiden, wanneer je praat:
Het is altijd eenzaam, aan de top.

                                            020902

PERED ZERKALOM

Als in een boog zit ik gevangen
tussen haat en sterk verlangen
mis bij iedere blik een deel
van wat eerst nog wel bleef hangen

Ontmoeting met je eigen ik
op 't eerste gezicht verschrikkelijk
en later na een lange tijd
een angstgevoel alsof ik stik

Ik weet nu zeker van mezelf
je ziet toch altijd maar de helft
van wat de mensen eigenlijk zijn
offers op het aards gewelf

Van vreed op aarde is geen spraak
een ieder heeft zijn eigen taak
en er geen tijd voor als een vreemde
als ik mijn angstige kreten slaak

Zal ooit een tijd weer komen
dat men weer vurig mag gaan dromen
of zou het almaar verder gaan
wordt ons dit doel ontnomen?

220980

BLAUW BLOED

In een oude gulden lijst
hangt een lang vergeten vlag
een vaandel dat verlegen wijst
naar een glorieuze dag

Een spinnenweb hangt traag en fijn
verlaten in een hoek sinds jaren
Het declameert een treurig rijm,
laat mijn gevoel van haast bedaren

Gelaten kijk ik naar het raam
De wind slist nijdig door een kier
Ik voel dat ik mij eenzaam schaam
Mystieke rust verstoor ik hier

Gewelven, balken aan 't plafond
De kou, de holle klank, de tocht
Een Schots kasteel roept in het rond
en heeft mij, vreemd'ling, uitgezocht

Waarom moet ik hier als een geest
door gangen vol herinnering?
Ben ik hier eerder soms geweest?
Waarom voel ik vereniging?

                                      100497

Donderdag, 14.00h

Wie wordt er nu bedrogen?
wie liegt er nu………
die zei "Ik heb nog nooit gelogen"
wat gebeurt er in Vietnam
en dat was toch de melkboer niet
die bij mevrouw van Dam
voorzichtig stiekempjes naar buiten kwam?

Wie gaat vandaag nog dood?
Wie houdt op te geloven
in de liefde Gods, wie snakt naar brood?
Wie schiet vandaag nog
zijn eigen broer vol lood?

Wat er allemaal gebeurt
wij weten nergens van
en ik mag niet betreuren
dat ik het niet verhinderen kan

Meneer van Dam
en al die anderen
U hebt geen flauw vermoeden
Oh, als U toch eens wist
wat Uw naaste zit uit te broeden.

Denk maar niet dat ze van U houden
en lang om U zullen rouwen
want als U in de grond verdwijnt
nou, opgeruimd staat netjes.

180980

Een oude klok tikt niet meer
Een oude man is in de weer
en staat vastberaden op een ladder

"Hij hangt uit het lood..."
De stilte is groot
De slinger hangt stil

Hij geeft de slinger voorzichtig een zet
De klok, luid tikkend, toont geen verzet
en pendelt gewichtig zijn baan

De man verlaat verlost
zijn uitkijkpost
De oude klok stopt.

De oude man lacht
en denkt: " Toch niet verwacht.
Je bent gek als je d'r om geeft
Deze heb ik overleefd..."

WESP

Ik wou dat ik
een bij was
Met zilverglanzen
vleugels
Dat ik zo snel
vliegen kon
Dat ik keek
naar mijn eigen kont

        261079

JIJ

Wat ik zie
als ik aan je denk
is een wondermooie vogel
in een te kleine kooi
de tralies van dik ijzer
en buitenop een slot
alleen jij weet de cijfers
de combinatie van jouw lot

Als ik ver ben weggereisd in allerdiepste dromen
dan zie ik jou
wonderlijke vis
in water dat niet kan stromen

Als ik aan jou denk
zie ik een regenboog
die kleurentranen stort
omdat hij vastgeklonken zit.
hij is zo mooi
doch kan niet weg
verschijnt alleen maar daar
waar de zon het wil

100179

TRANSITIE

Een vergeten huis
een witte kei op een gazon
een plastic eend, een dode muis
een vijver waar een standbeeld stond

Een vervallen hek
een droge tak met mos begroeid
en in de heg een dorre plek.
De tuin waar ik ben opgegroeid

Een verstarde blik
Een oprijlaan van kiezelsteen
een metafoor, een "hoger ik".
Gedachten razen om mij heen

Mijn verdwaalde mens
gevoelens van onmachtigheid
een tevergeefse stap vooruit.
Ik vecht verloren met de tijd

Een verworden zijn
een radeloos herinneren
Ik zoek houvast maar ik verdwijn
van het uiterste naar het innere

               180897

PLANTEN HEBBEN GEEN OGEN

Op een herfstdag, in een bos
Waaien takken in de wind
Soms laat een enkel blaadje los
De zon is weg, winter begint

Een krakend wenen van een wilg
fluit tevergeefs een requiem:
"Wanneer worden wij geveld?
Jammer dat ik geen diertje ben...
De mens, die vlees opgeeft vanwege 't vee
eet rustig sla en kool en biet
en zaagt ons hout, en stookt ermee
en rekent niet met ons verdriet..."

"De mens betreurt het dierenleed,
wordt van een stervend hertje ziek,
maar niet van wat het hart niet weet.
Indien wij hoorbaar gillen konden
of lijdzaam naar de mensen staren
Dan zou de mens ons niet verwonden
maar ons braaf koesteren en bewaren"

040997

Alle mensen hebben de droom om net als vogels te kunnen vliegen. Maar hoeveel mensen hebben het er inderdaad voor over om tengunste van vleugels hun armen op te geven?

ONTEVREDEN VREDE

Als ik zo groot was als de zon
en als de regen tranen waren
dan zou ik in de wolken schrijven
jouw naam in wit met goud eraan

Als ik de zee was of een meer
en als de schelpen snaren waren
zou ik een ode componeren
met als de coda een orkaan

Als ik een kist zou zijn vol goud
vergeten in de oorlogsjaren
dan zou alleen voor jou een sleutel
van de juiste vorm bestaan

en als mens probeer ik soms met woorden
of soms grimassen en gebaren
"ik hou van jou" te declameren
maar 't moet nog duidelijker voortaan

                                                    070198

MISSED OPPORTUNITY

Een onbeantwoord antwoordapparaat
Een vage trilling
van herinnering

Het is alsof een stukje leven overgaat
Een brosse binding
in ontkoppeling

Ik was een engel voor je, laatst
een kentering
in je vertwijfeling

Het is alsof een lentebries nu niet meer blaast
verwijdering
van een ontzegening

     260298

FEEST

Oorverdovende cadans van primitieve slagen
Ik hoor een heipaal over Iguaçu
Een bacchanaal zo wij daar lagen
Verworden, alle vragen, tot een enkel hoe

Als in een doolhof van losse ledematen
Gelijk een tropisch oerwoud van gevoel
'k Neem afscheid van mijn proviand en water
Verzink in 's duivels dromen, zonder doel

Eeuwige verdoeming of volstrekt oblivium
Een enkele reis uit het paradijs
Niets kan mij nu nog hinderen
Ik teken regenbogen in het grijs

Ik geef mij over aan totale zonde
Schrapt mijn naam uit 's Hemels gastenboek
Ik ruil dit graag in voor een wonder
En naar een zegen ben ik niet op zoek

250598

TIJD

Elkaar achtervolgende
kleine successen
reeksen gevaarlijke
vreemde excessen

Mijn hand waadt
door troebel water
als in een emmer na het dweilen

Zomer op winter
ziltgeur en regen
slechts decors
in het leven

Mijn land is
deze wereld
en strekt zich immer verder uit

Een huivering stokt alles
geur van verbrande haren
ik betrap mijzelf erop
in de leegte te staren

Mijn tijd
nauwkeurig gemeten
op een gelaten tikkende klok

260298

BULAVKI NA STENE

Ik zweef in het niets
Onder mij op een
verharding sta jij
Geen doel, geen geloof
geen bijgeloof
Een bestaan zonder kroniek.

Ik zit te staren naar het leven
als naar de achterkant
van een televisie
Ons kasteel herbergt een schat
en een geheim

En op een dag word ik prins
en jij prinses
en een fontein van goud en
aanzien overstroomt dan
de donkere kelders van
de onwetendheid

                260298

(*) veiligheidsspelden aan de muur

NETVORCHESKIJ CHELOVEK

Waarom schrijft U nooit?
Waarom leest U mijn gedachten?
En waarom permitteert U zich daarbij
van mij te houden, mij te verachten?

Mij achtervolgen verzen.
In het aanzicht van leeg papier
spannen zich mijn pezen,
ik word voor 's werelds leed griffier

Terwijl mijn hoofd en ziel
tot uitputting doorschaken
beklieder ik een velletje
daar heeft U niets mee te maken.

      260298

      (*) de niet creative mens

NIJD

Sluw overwogen
Zonder mededogen
sluipt het toeval om ons heen

Vaardig stil
onzichtbaar stil
tocht een briesje door ons heen

wreed gecalculeerd
zonder gêne en beheerst
slaat het noodlot plotsklaps toe

Wij, onverweerd
worden overheerst
weten niet waarom of hoe

En als wij zinken
en verdrinken
in een woele kolk

doet het ons denken,
wilden niemand krenken,
Waarom ik? Het volk...

250398

STRAATMEISJE IN MOSKOU

Waarom heb jij jezelf
Uit je kindertijd gerukt
en steeds van alle vruchten
de allerbitterste geplukt?

Je te vroeg volwassen brein
in je te snel verouderd lijf
gilt van onrechtvaardigheid
terwijl je lot verstijft

Waarom heb jij de dagen
voor de nachten ingeruild?
Waarom heb jij al vijf jaar
niet echt oprecht gehuild?

Een leren jack, een gestolen tas...
Een ruïne van suiker met een huls van beton
wijst de weg naar waar leven was
toen de weg terug nog bestond.

      010502

IK BOUW EEN KERK

Ik metsel, schaaf en schuur
bouw een kerk voor het laatste uur
zoek materiaal en meng en meet
heb geen idee hoe lang het duurt

Ik onderzoek, ik wik en weeg
bouw een kerk, voorlopig leeg
Ik zoek het antwoord op mijn twijfels
Een altaar aan mijzelf? Iets blijvends?

Wat ik eigenlijk wil zeggen
 - ben mijn emoties aan 't beleggen -
Ik wil dat jij mij nooit verlaat
zelfs als je hartstocht overgaat

En als ik op een slagboom stuit
en voor het laatst mijn ogen sluit
dan zie je hoeveel ik van je hou
dan is die hele kerk voor jou.

                                250398

VRAGEN

Hoeveel haren heeft een hond?
Hoeveel tanden heeft een mond?

Waarom is de regen nat?
Waarom is een weg geen pad?

Hoe komt het dat een kind kan sterven?
Hoe kan schimmel zelf bederven?

Wat is beter? Gezond of rijk?
Wat kan ik zien als ik niet kijk?

Wie geeft het meeste om de mens?
Wie bewaakt des wereld's grens?

Waar is het einde van het al?
Waar is het algemeen gemiddelde getal?

Wanneer houdt alles op te knagen?
Wanneer krijg ik antwoord op mijn vragen?

250398

CHERKIZOVO IN DE LENTE

Buiten vecht de zon met regenwolken
tot de laatste druppel is vergoten
De sneeuw is weg, niets meer bedolven
De bittere kou voorgoed verstoten

Zachte weemoed maakt zich langzaam meester
van mijn 's winters afgekoelde hoofd
en in een nis ontwaakt een heester
Het gazon begint te kleuren als beloofd

De waakvlam die mijn hart bewoont
ziet met spanning naar de eerste brandstof uit
Het oude grindpad weer van ijs verschoond
De wind blaast op zijn toverfluit

Mijn lichaam, uit zijn winterslaap herrezen
bemerkt opeens hoe wit het is
't Is tijd om in de zon een boek te lezen
Straks, bij de heester, in de nis.

                              250398

DEVALUATIE

Een trage tegenstelling
van kleuren en geuren
gegevens op bestelling
die stilte verscheuren

De dageraad ontzet,
de nacht doordrenkt met tranen
groeiend ondergronds verzet
tegen leiders die zich eeuwig wanen

Een sneltrein naar de afgrond
een draaikolk van emoties
het voetstuk waar ik op stond
blijkt een ijsblok
in de mistral.

080998

STERFBED

Een engel in een lege kring
Vergeefse hoop op kentering
Mijn hoofd zweeft hoog in geldingsdrang
Mijn lichaam oud en moe, en ik ben bang

Een engel wuift me naar zich toe
'k Vergeet heel langzaam wat ik doe
Gedachten smelten samen met mijn dromen
Mijn ziel en geest gaan samenwonen

Ik hoor een rochel en een zucht
Mijn levenskaars is uitgeblust
Ik voel een leegte, geen verdriet
De kring verheft mij naar het niet

Wat ik als sporen achterlaat
zijn mijn verzen

280998

OLD FOOL

Suizende oren, trillende handen
geen concentratie meer

Onuitwisbare glimlach
mijn hart gaat tekeer

Uit mijn patroon geslagen
wil mijn masker niet dragen
vaag gevoel in mijn buik
als ik de lente weer ruik

Ik wil alles vergeten
en door mijn riem heengebeten
in de wolken verdwijnen
me tot nietig verkleinen

Twintig jaar overbrugd
in een fatale vlucht
strek mijn arm, voel je hand
ik ga onder, ik brand

                      061098

HET EENZAME CENTRUM VAN ALLE DINGEN EN ZIJN BEDRIEGLIJK EVENWICHT

Ik leef in een wereld van leugens
Watertrappend in een zeepbel
Kijk door de dunne wand naar buiten
Een wereld van schimmen

Trillend van emoties
zie ik door het brosse vlies
de menigte als een heelal
met sterren die ik ken

Ik ga tenonder aan mijn streven
elk stofje in het firmament
Nadrukkelijk te behagen
En alle sterren rond mij te laten graviteren
op identiek gelijke afstand.

                131098

VLUCHT VAN HET VERSTAND

Je foto waar ik al uren naar staar
Ken ik allang van buiten
Mij raakt de weemoed, maar ik kijk ernaar
als een zieke door de ruiten

De jeugd, de vastberadenheid,
de energie brult van je af
Sa Majesté, je onweerstaanbaar mooie lijf
roept 1000 doden uit hun graf

Met speels je armen hoog gestrekt
Je mond vertoont de zelfspot die je draagt
Een bosnimf, door een god verwekt,
lokt naar het ongewisse, cynisch traag

Ik sluit mijn ogen, voel je dichterbij
Hoe lang mag ik hier deel van zijn?
Wanneer keer jij je tegen mij
en geef je toe aan onverschilligheid?

     051198

OORLOG

Een regenboog spat in grijze splinters uit elkaar
De zon verdwijnt achter een waterval van zilte tranen
Jouw ster staat aan de hemel en ik staar
Vergrendeld in een gouden kooi

Ik hou van jou, ik hou zoveel van jou
dat geen geweld mij kan weerhouden
ik vecht en wankel tussen drift en trouw
In een houdgreep tussen hartstocht en geweten

Een bulderende slag tussen giganten
temidden van een luide, sissende orkaan
Mijn leven wordt gespeeld door dove muzikanten
ik voel mijzelf tenonder gaan

Ik weet dat slechts de tijd beslist
tussen het slechte en het ongewisse
mijn galgenmaal wordt opgedist
mij slechts blijft me te vergissen

       100199

LEVENDE CHAOS

Een levende achtbaan, een traan en een lach
Een cameleon van emoties
Je verandert van toon, woord op woord, onverwacht
soms duidelijk, strak, soms chaotisch

Er bivakkeert een menigte in jou
één voor één met een eigen opinie
misschien is dat wel waarom ik van je hou
vanaf mijn verdedigingslinie

Je kijkt zacht naar mij, en glimlacht een keer
Vervoert mij met stroopzoete woorden;
dan draai je me om, en laat me weer neer
in je stem klinkt het ijzige Noorden

Ik weet niet wat je wilt, weet niet wat je denkt
Je hoofd is een pantser van staal
Soms ben ik begeesterd soms ben ik gekrenkt
Geniet van de stilte, geniet van 't kabaal

Je verblindende schoonheid, je handen, je blik
betoveren mij keer op keer
Ik weet wat je wilt ik weet wat je denkt
jouw wereld is wat ik begeer

      231298

IDEALE VROUW

Is het Eva? Of Maria?
Wie is de ideale vrouw?
Moeder Theresa? Of Madonna?
Met wie je alles delen zou?

Een ideaal, een wens, een droom
Voor elke mens een eigen beeld
De een is wild, de ander vroom,
Misschien treft mij wat hen verveelt

Voor mij is slechts één ding een feit
Geen enkel ander heeft de kracht
Nog nooit ben ik zo woest verleid
En zo dicht tot mezelf gebracht

Waarover anderen ook dromen
Of wat ze nastreven misschien
Is mij in waarheid overkomen
Ik kan jou horen, voelen, zien.

240999

STER

De steekvlam, die ik dacht tot waakvlam te bedaren
Woedt helder voort in elke cel van mijn gemoed
De duizend vlinders die zich in mijn maag vergaren
Veroorzaken nog steeds een weeë gloed

Ik sla nog steeds bij nacht mijn ogen open
En hoor nog steeds je stem achter de deur
Ik denk nog immer dat ik je zie lopen
En elk moment ruik ik je geur

De wereld heeft sinds ik jou ken een tint
Die met geen vers, geen zin, geen woord is te beschrijven
Ik voel hoe jij mijn eenzaamheid verslindt
Mij dwingt mijn twijfels te verdrijven

Wanneer jouw lijf opeens voor goed een schaduw wordt
Wanneer je stem voor eeuwig met de wind versmelt
Blijft mij een eeuwig brandend teken aan de hemel
Die tot mijn dood mijn hartklopping versnelt.

220299

VAGE GEVOELENS

Een ongeslaagde tegenstelling
Een vreugdekreet tegen verdriet
Een uitkomst van veronderstelling
Een wens, een droom: Vergeet me niet

De wijzerplaat van een horloge
Weerkaatst de stilstand op de muur
Vergeefs vertikt de lange wijzer
langs het punt van 't laatste uur

Mijn hand omklemt mijn warse pen
Mijn pols schuift stroef over het blad
Ik weet niet meer wie ik echt ben
Of wat ik heb of wat ik had

Ik ben uit mijn verband gerukt
Ik zoek een licht, een klein houvast
Ik wik en weeg, pijn onderdrukt
Angst heer des huizes, en ik gast

                      150399

NIEUWE ENERGIE

Elke dageraad, de nieuwe dag,
Begin ik sinds een maand, of meer
gewoon, gelukkig, met een lach
elke dag, en telkens weer

Met hoofdpijn, of een zere buik,
Ik zoek geeneens meer naar verzet
't Is nog of ik bloemen ruik
van jouw betoverend boeket

Ik laaf mij in je eerste zoen
Ik smelt van jouw "tebya lyublyu"
ik zou mijn leven overdoen
alleen maar doen wat ik nu doe

      240999

OP EN NEER

Opnieuw bedolven onder mijn gemoed
Verenigd met de eenzaamheid
Opnieuw verlangen tegemoet
Een haatrelatie met de tijd

Opnieuw een grote grijze vogel
Vol losgerukte mensen, één voor één
Opnieuw gevoel van mededogen
Met honderd mensen samen en alleen

Ik wil niet weg, ik wil naar jou
Heb angst vandaag je ster te zien
En dat ik zoveel van je hou
Is ongelofelijk, misschien

020499

VRIJHEID

Is ze niet mooi, de vrijheid?
Geeft ze geen glans van welbehagen?
Een koel donsdek in de zomertijd
Een eigen zaklamp in donkere dagen.

Is ze niet mooi, de vrijheid?
Geeft ze niet een bries van ongestoord verlangen?
Een waas van eerbied, trots, gelijkheid,
verlossing van de aarzelaar, de bange?

Is ze niet mooi, de vrijheid,
Waar niemand zich gekrenkt en eenzaam voelt?
Een Eden zonder bedenktijd
waar niemand vraagt waar je op doelt.

Is ze niet mooi, de vrijheid,
waar wij ook tweemaal ik kan zijn?
Waar echte liefde en verliefdheid
zich verdelen tussen echt en schijn

Ze is mooi, de vrijheid.
Soms een geschenk van je allergrootste schat
En als je 's avonds terugrijdt
Herinner je je dat

230699

OP WEG NAAR HET GESTICHT

Je geheimzinnigheid, die vreet aan mij
als een gemeen en bijtend zuur
Ik ga er onderdoor, kwijn langzaam weg,
en sterf dan op den duur

Ik zoek een antwoord op een onverzonnen raadsel
Ik weer mij, maar ik weet niet tegen wat
en elke keer dat ik me omdraai
zie ik je schim en hoor ik wat

Je drang me in het ongewisse
te laten ploeteren, getart
begint zich nu een weg te bikken
naar het Binnenste van mijn hart

Ik weet nu niet meer of ik eenzaam
of volstrekt gevangen ben
weer zie ik die schim
en hoor de luister van je stem

       250699

GEDICHTEN DROMEN

Nog even. Nog even. Ik ben bang
Een tel, een adem, een klopping van het hart
Er komt een mensje in 't gedrang
Ik weef een uitgang, ben verward

Nog even. Nog even en een bom,
een landmijn met vertraagde werking
ontploft zoals verwacht, scherven rondom
omdat ik lui en vuig tewerk ging

Nog even tot een leven, opgebouwd uit niets
Met droeve aria het toneel verlaat
En achter de coulissen, daar staat al iets
en niemand weet wie er tenondergaat

Nog even. Acht jaren van verbazing
doven zich langzaam in een pot met reine stroop
Het noodlot neemt me weer te grazen
Verwelkt de bloei, ontbloeid de hoop

Nog even. Morgen start een nieuwe ik
Een nieuw gezin wellicht, een nieuwe rol
En als een dolle zit ik hier, bereken ik
Mijn hoofd loopt leeg, mijn hart is vol

Nog even, en de maan schijnt anders dan vandaag
Nog even, voor ik weer mijn witte zeilen hijs
Nog even en ik word gestraft, heel traag
Ik zoek de vrijheid. Maar de prijs?

                    120799

EEN WOORD TEVEEL

Geduld, verstand, begrip, meedogen
Verwarren zich als in een web
Alle waarheden abrupt verbogen
Als ik opeens geen hart meer heb

Een regenboog vervaalt tot grijze strepen
aan een duister natte horizon
een herfstbui laat de zomer onbegrepen
Ik zou liefst sterven als ik kon

Een duizend mijlen tellend slot
hangt op mijn borst te roesten
Mijn diepst gevoel is weg, verrot
omdat wij alles zo hard moesten

                    120799

DEN DOOD NABIJ

Er drijft een kwal bij mij in bad
Een ondier, blauw en paars
Een onheilsbode, glibberglad
Ik raak hem aan en voel iets raars

Ik word omwikkeld door een sliert
Ik voel een steek, een vage pijn
Ik denk, terwijl het in me giert
Hoe zou het zijn om dood te zijn

"Ach," zegt de kwal vanaf de waterspiegel
"dat weet ik heel mijn leven al:
beter een lijk," met wat gegiechel
"dan simpelweg een domme kwal"

                              120799

NOTHING COMPARES TO YOU

Echte liefde is geen spel
Echte liefde is een hel
Het is een vagevuur van blind verlangen
Ik waad, door schuldgevoel bevangen,
door ondoordringbaar dikke lagen slijk
Ben ongelukkig: Ik ben rijk

Door donderslagen diep vernederd
zak ik traag door naar beneden
mijn hand strekt uit, zoekt en tast
ik vind rondom nergens houvast
Ik tuur vertwijfeld naar een dijk
Ben ongelukkig: Ik ben rijk

Vervoerd door zoete tonen
die de duisternis bewonen
en een aangezicht van zuiver goud
heb ik mij aan je toevertrouwd
Bedolven en betoverd tegelijk
Ben ongelukkig: Ik ben rijk

Alleen, op zoek naar antwoord
onder gewelven waar men niets hoort
herinner ik me jouw gelaat
dat trots mijn horizon verlaat
Ik weet, je hebt gelijk
Ik hou van je. Dat maakt me rijk

150799

THUIS

De kaarsen zijn uit,
het spel is gedoofd.
Een tafel vol kaarten.
Ik ben beroofd

De ochtend breekt aan
De dageraad gromt
Ik kijk naar de straat,
ongeschoren, verstomd

Daar loert, onheilspellend
de tover van keus
met een aanblik van suiker
en de kracht van een reus

In mijn hand gloeit de sleutel
van het hek om mijn huis
Ik tril, ogen dicht
Waar is mijn thuis?

                180799

WAAROM IK VROEG GA SLAPEN

En als de nacht valt
ben ik altijd bij je
omarm ik je en kus je zacht.
Wanneer de dag stalt
strijkt een lavend blijde
glimlach als een warme vacht
over heel mijn lichaam heen

En in het donker
ben ik vrij van al;
alleen nog maar van jou.
De zon gezonken,
ziet het heelal
hoeveel ik van je hou
in mijn gevang van steen.

De dag verwijt mij streng,
doet mij de waarheid uit de doeken
en leert een les van stand en zede.
Als ik de nacht verbreng
hoef ik geen weg te zoeken
tot bedaren en tot vrede.
Ik vind er toch geen...

310799

VRIJHEIDSBEELD

Ben jij voor 't leven
of is het voor even?
Zijn jouw ogen een hint,
jouw beweging een schim?
Ben jij slechts een schaduw op de wand van een grot,
Of ben je wat ik denk, de dochter van God?
Je dwingt mij voortdurend mezelf te vergeten
' k ruk mijn hart uit mijn borst, vertwijfeld, verbeten
Je lach maakt me dronken, je droefheid bevreesd
Je toorn is een straf, je streling een feest
Ben je bij me zo laaf ik mij in deze bron
Als je weg bent verdrink ik, kom ik erin om

Symfonie van geneugten, kakofonisch chagrijn
Een trom in de verte blijkt mijn hartslag te zijn
Er zijn velen die kijken. Er is niemand die ziet.
Ik schreeuw van mijn liefde; ook jij hoort me niet.
Je bent het beeld van de vrijheid, statig en hoog
Ik een zwaard door je hart, een doorn in je oog?

060899

DE ZON KOMT DOOR

Een eeuw, een eeuwigheid, twee weken
Onder mijn droefheid haast bezweken
Ik hou van jou, ik hou van jou
Ik kan niet leven zonder jou...

De pijn rijt stukken uit mijn borst
'k verdrink in ongeleste dorst
Mijn hart verteert, vergloeit, verkoolt
ik zwerf, ik zweef, ik dool

Ik zoek een uitgang in een muur
blind nadert stil het waarheidsuur
Ik ben op weg naar Armageddon
ik droom ervan dat ik nu weg kon

Verloren zijn de paarlen van weleer
Een standbeeld valt en komt niet weer
Ik loop met baggerlaarzen aan
en laat mijn diepste sporen staan

Verlaat het slagveld ongekrenkt
met trots, met bloed doordrenkt.
en kijk ik om, zie ik mijzelf
gesneuveld, naast de andere helft

                              180899

GEVECHT TEGEN DE TELOORGANG

Een strohalm in de verte
Stroomafwaarts van mij af
Wuift met een frêle sterkte
En waarschuwt voor gewisse straf

De stroomversnelling knaagt aan mij
En buldert langs mijn lichaam heen
"Zwem hier naartoe, hier ben je vrij!"
"Stroomafwaarts gaat vanzelf, meteen!"

Ik hou stug vol en kijk niet om
Ik ploeter, spartel, vol geweld
Ik voel het zog en lach erom
Omdat voor mij maar een ding geldt

Ik moet naar mijn bestemming toe
Door kolken, drijfzand en door vuur
Jij bent mijn anker, bent mijn doel
Ik wil naar jou, al is het duur.

                        240999

TROUW

Een nachtelijke streling
die niet de mijne is
Angst voor verveling!
En als ik me vergis?

Een innig kussen
zonder vergiffenis
Slechts hitte blussen!
En als ik me vergis?

Een vuurwerk van zinnen
ongedeelde belevenis
Plezier ontginnen!
En als ik me vergis?

Nee, jij houdt van MIJ
en al dat and're is:
Spel, want je bent vrij!
En als ik me vergis?

240999

ER IS NIETS AAN TE DOEN

Oud zijn is niet erg;
ouder zijn dan jij - rampzalig.
Een jonge reus, een oude dwerg,
onmondig en zestalig

Dom en dapper - oud en bang
naïef en reeds teleurgesteld
We zien de wereld als een wei en als't gevang
Voor jou te langzaam - mij te snel.

Jij streeft blind voort, naar beter
en geeft niet toe aan inzicht en geduld
En ik ben alles alweer vergeten,
heb mij in een sluier van "genoeg" gehuld.

Nog 20 jaar, en je zult zien
dat alles wat jij opgeeft
je spijt, of erger nog misschien
nog jaren in je doorleeft

En dan weet jij wellicht op slag
wat jij vandaag verloren hebt
En fluister dan maar zacht
dat dat je onbehagen schept.

230200

GELEDEN VERLEDEN VERGETEN

Diezelfde pen van laque de Chine
die zoveel tranen heeft gezien
danst nu als jonge, wilde hond
op kladjes en papiertjes rond

Vergeefs probeert mijn "dolle" brein
mijn hand nog iets de baas te zijn
Mijn pen raast over 't perkament
beschrijft de Godin die jij bent
Je lach, je lijf, je hand, je haar
je glimlach, en dat vonkje daar
Je streling en je strak gelaat
je traan waarin mijn schip vergaat

Je levensvisie, je geduld
ik ben er rondom in gehuld
Ik schrijf, ik dicht, ik droom, ik zweef
Ik hoor bij jou, zo lang ik leef.

                                    240999

Heb jij wel eens geleden?
Heb jij wel een verleden?
Wat draagt jouw brosse jeugd
voor geheimen in zich mee?

En waarom is het, dat ik wetens zoek
naar tranen voor mijn hart?
Waarom ben ik bereid te zien
hoe jouw gedrag me tart?

Omdat ik weet dat jij het bent
Jij bent die ster, die vonk, dat vuur
Nu heb ik wat ik heb gezocht
Misschien voorgoed, misschien een uur

Voor mij is tijd niet van belang
Ik dans een wilde regendans
Ik zie de uitgang uit het labyrint
Geef mij je hand, geef mij een kans

          240999

DE LEERLING

Ik wil voor altijd bij jou zijn
Een deel zijn van jouw firmament
Ik wil je brood zijn, en je wijn
Je lach, je traan, je pierement

Ik wil je troosten als je huilt
Je doen vegeten, en vergeven
En als je toch je lippen pruilt
De smart als één met jou beleven

Ik wil een druppel zijn in jouw fontein
De donsvacht waar jij je op vlijt
Een korreltje in jouw woestijn
Omdat je mij van mij bevrijdt

                    240999

DE WEG NAAR VOLLEDIGE VRIJHEID

Het wemelt in mijn hoofd, het wemelt
het kruipt, het brandt tussen hel en hemel
Een wrang gevoel van een te zure vrucht
en tegelijk intens geluk, en geen weg terug
Ik vecht, ik zwoeg, ik luister, leer
ik zweef, ik vlieg, dan val ik weer

Jij bent voor mij geeneens meer mens
jij bent een standbeeld, voorbeeld, onbegrensd

De sleutel die ik bij mij draag
geeft langzaam antwoord op mijn vraag
Jij bent een zeemeermin, geschenk van God
Jij bent de Wijsheid, jij hebt het slot

Het doet soms onwaarschijnlijk pijn
om overal je spiegelbeeld te zijn

De sleutel brandt mijn hand tot blaren
Ik draai, om mij aan mij te openbaren
Het slot is stroef, onwennig, zwaar
Ik hoop dat ik de moed vergaar

Maar ik weet, eens door de spiegel heen
word ik met jou van helft tot een.

240999

DUIVELS SPEL

Er giert emotie door mijn hoofd
Ik voel, ik weet, en dan weer niet
De waarheid, wat ik heb geloofd
Mijn hele gist'ren in het niet
Mijn hart slaat langzaam, dan weer snel
Ik voel een drukkend trommelvlies
Ik lach wanneer ik uren tel
en huil wanneer ik denk dat ik verlies
Mij staan steeds weer jouw woorden bij
Jij bent perfect – mijn jing en jang,
tegelijk mijn razernij
en redding voor de ondergang
Onaantastbaar en betastbaar
hemellichaam en gevang
universeel en onvervangbaar
Je maakt me trots, je maakt me bang
Ik krijg een kus en een herkenning
maar voel de tocht van een open deur
het klateren van een judaspenning
en jouw betoverende geur.
Het gaat niet om van wie je bent
of van wie ik wel niet zou zijn
Het gaat erom op wie je stemt
Al is het soms een dunne lijn

270999

Weer in de weer
weer uit een cirkel van geweld
weer te keer
zoveel onverteld

kaarten gelegd
teerling gegooid
niets meer gezegd
niets meer berooid...

HET BELANGRIJKSTE VOOROP

Misschien is mijn geluk geleend
dauwdruppel in de ochtendstond
Misschien haar strelingen niet echt gemeend
mijn ware dromen ongegrond

Misschien is alles slechts een scherts
een kwinkslag van het speelse lot
misschien een scene uit een sprookje
een slechts kortstondig soort genot

Misschien. Ik weet het niet.
Maar het gevoel is zo intens
Geen ruimte voor berouw, verdriet
Zij is de allermooiste mens

En laat dit maar een waan zijn
Niet echt, of kort of onvoorzienbaar.
Voor mij is alles nietig klein
vergeleken bij die blik van haar.

011199

MET OPZET EENZAAM

De werkelijkheid, absurditeit,
Ineengevlochten onder hels geschater
Niemand weet hoever dit reikt
En wat er overblijft straks, later

Een goddelijke schijn omhult mijn zijn
Een huig van vreugde en geborgenheid
En in de leegte van gebrek en schijn
Zoek ik vergeefs naar de vergankelijkheid

Niets kan de unie meer verbreken
En ongedaan doen worden wat jij hebt bereikt
En ik hecht eraan te laten weten
Dat jij mijn leven voor de eeuwigheid verrijkt

080200

TEMPORARILY FADING DREAMS

Mijn verentooi is niet om mee af te stoffen
Mijn lange grijze jas geen stofjas en geen schort
Het is soms zwaar, zich van de sleur verlossen
Maar zonder dat schiet je te kort.

Ik draag een doos met vuurwerk aan mijn riem
En geen tupperware met een oud prakje
Ik wil teveel, te snel misschien
Een leven in een verrassingspakje

Er gaat geen dag voorbij dat ik de hemel zie
En me als vlinder door de wind laat dragen
Wanneer jij vindt dat ik dat niet verdien
Laat jij heel even al het moois vervagen

En tevergeefs probeer ik dan rechtop te staan
En zonder jou de zonnestralen te aanschouwen
Maar 't is te fel, ik kan het niet doorstaan,
Ben veel te zwak om in mijn één van je te houden.

200200

LANDING IN FIVE MINUTES

Gisteren stond je voor me,
Als een gedaante uit een boek
Als een Godin voor een sterveling
Onverwachts op staatsbezoek

Je huid, een trommelvlies, een snaar
Bewoog niet, zelfs niet waar
Ik behoedzaam met mijn hand jou streelde

Door simpelweg bij mij te zijn
Wek jij in mij verlangen
Jouw aura geeft mij kracht
Ik voel me dichter, zanger

En als wij ver zijn van elkaar
Dan ben jij hier, en ik ben daar
Althans, in onze zinnebeelden

170300

DOORGENIETEN

En als de dageraad
Dan toch gepaard gaat
met een enkele grijze wolk

En als je hart dan soms
Ineens verstomt
Alsof doorstoken met een dolk

Denk dan aan toen
Aan niet meer doen
Aan ons als een nomadenvolk

Zie door de nevel
De maan op de gevel
En zoek de eerste zonnestraal

Vergeet je droefheid
Bevecht de stroefheid
En spreek in zachte, lieve taal
't is immers tevergeefs
wanneer je leeft
op een voetstap van het hemelportaal

170300

HEADING BACK

Ik voel een winterslaap teneinde gaan
Ik voel een zachte ochtendbries
de geur van mos en bloesems
dauw en gras

Ik voel dat ik weer wakker word
Ik voel mijn spieren en gewrichten
weer kletsen met mijn hoofd
zoals't vroeger was

Ik voel het naderende doel
Ik voel een toverend gevoel
Wacht, over één nacht slapen
Ben ik weer bij jou.

                200300

COMPROMISE

After having established
that one demands too much
from life and from this world,
one is put before the choice
to either accept the defeat
or continue to strive for the ideal,
however unreachable.

090400

ONTROUW??

Een kriebel in mijn maag
Het wapperen van de vrijheidsvlag
In de handen van een ander
Opdat ik zelf de waarheid zag
hoe zij van pool verandert

Een kriebel in mijn maag
een vaag gevoel van haat en nijd
dat mij lauwwarm en traag doordringt
en van voldoening tegelijkertijd
als ik mijn afkeer opgelucht bedwing

Een kriebel in mijn maag
Een glimlach tussen knarse tanden
door het besef dat ik begin
aan ECHT leven met GEMEENDE banden
en door te verliezen - win.

                281200

INVESTEREN TER INSTANDHOUDING VAN EEN IDEAAL

Is het niet triest, dat velen geeneens weten
Hoe hard het is om eerlijk en gerecht te zijn?
Om aangedaan, gewond, versleten
door te vechten voor de zege van het brein?

Ik vraag me wel eens af hoeveel het me zou kosten
Om net als vele anderen "gewoon" te doen
Om traag verdrinkend nooit met je te botsen
en depressief te raken van fatsoen

Nee, geef mij de hartstocht en het bittere dan maar.
Dan heb ik liever wat ik voel en dragen moet
Ik hef mijn hoofd, ben mij de tol gewaar
Draag trots met laatste krachten de Madonna in een stoet.

Ik hou van jou, zoals ik het liefst van iemand wilde houden
En Godzijdank is dat voorlopig wederzijds
Laat de hele wereld mij maar als een gek beschouwen
Ik ben gezegend. Ik ben rijk.

281200

EEN ENGEL

Engel, blauwschakerend glinsterende vleugels,
Een huig van herfstfris knisperende wind
Galoppeert als volbloed zonder vleugels
Soms Koningin, en soms nog kind

Een ijsberg, zo statig, zo zilveren glans
Zo fluweel als de wind in de lente in Rome
Obstinaat-idolaat, soms verlegen, verschanst
Soms bros glas dat alleen uit Bohemen kan komen

Voor mij ben je wapen, ophaalbrug, wal
een verlaat, een oase, Walhalla, of Eden
een intocht in glorie, trompettengeschal
Mijn fidelity card tot de poort van de hemel

En wat ben ik voor jou?
Een raar spetterende vogel
Dwaas spartelend in een bezoedelde plas?
Of misschien wel gevaarlijk, een mes, of een kogel?
Of een zeur, ouwe gek, of een mand vuile was…?

 171000

ABDICATIE

Een man, mijn vriend
is als een kind
hoofd in de wind
verward, bijziend.

Een bij, zou men ook kunnen stellen:
Van bloem tot bloem
zoem - zoem
en terug naar huis, zonder aan te bellen

en thuis, mijn vriend
daar leeft de koningin
van alles het begin
geliefd, geëerd, bediend

En waarvan zou een koningin nou dromen?
Natuurlijk!
Avontuurlijk!!
Een bloem te zijn, en in het veld te wonen...

                191200

SPOT VAN HET LOT

Wanneer krijg jij genoeg van mij?
Of ik misschien, van de pijn die ik bezorg?
Wanneer komt de conclusie
dat alleen alleen hetzelfde is als vrij?

Een traan van jou, een overstroming.
Een lang gezicht een hel.
Verstokt, verbaasd, crueel gewekt
in het midden van het land van melk en honing

Een onontkoombaar droeve strijd
Wanneer vrienden vrienden zijn
en geliefden zijn geliefden
maar niet tegelijkertijd.

      191200

SLIPPING AWAY, AGAIN

Waar jij vanavond was
is mij te weten niet beschoren
Ik kon je zien, als door een glas
en als een echo horen

Vandaag was jij niet echt bij mij
maar halverwege die spelonk
Op weg naar een ander, inner jij
die lang voor mij hier al bestond

Omringd door ondoorwaadbaar dikke waas
ontstaan als zoet doorzichtig voile
van een verrassing voor een dwaas
kleed jij je steeds in nieuwe schalen

Met één been aan weerszijde
tussen onze wereld en jouw grot
verlang je terug naar oude tijden
en twijfelt over ons genot

Vandaag was jij niet echt bij mij
Een lege huls gaf jij me te omarmen
En in gedachten was jouw echte jij
zich aan de vrijheid aan het warmen

030800

IK MIS JE

Gemoedelijk en gedwee
Vertegenwoordig ik ons hier
Voer gesprekken
met dwazen en gekken
verspreid het woord
"Over ons gehoord?"

Vertoon mij als een bolwerk,
zwaar geharnast, onverdroten
Een monument aan ons speels tijdperk
Een blok titanium, met goudglans overgoten

Ik ben alleeen, voor twee
Ik draag je altijd in me mee
doe vele dingen
moet hollen en springen
Maar het is afzien…
Ik wil mijn lief zien!

100700

ZHENKI

Weer neergestreken
Opnieuw al het moois
van onderaf bekeken.

Terug, uit de zoveelste droom
Úít het pak, áf de tooi
het licht gedimd, de lei is schoon.

Een glimlach, een herinnering,
een traan langs tralies van een kooi
Een einde...en een nieuw begin.

Bedankt, voor jullie lach
door jullie rondgestrooid
voor jullie fonkelend gedrag

Een vlek, een kras, wat haren,
de kaarsen weggegooid...
Bedankt, dat jullie bij mij waren.

       091101

PTICHKA

Rare ogen heb je...
en een kleine, scheve mond
Kleine borsten,
je heupen rond...

En in je hoofd – een warboel,
een labyrint van schande en geheimen
waarvan ik opvlam en weer afkoel
met geen gezond verstand te rijmen

Met je verleden van het dorp
En dan de wrede, grote stad
Met soms de dood al op een steenworp
Je hebt je uur van rouw gehad

Ik ben voor jou niet meer dan spel
een pluche beer in de woestijn
geen houvast tegen het geweld
en zelfs geen vriend, alleen maar gein

Geluk, misschien, is iets heel anders:
Een gouden huis vol pracht, wellicht.
Er is voor mij ook niets veranderd,
maar toch omhels ik je – met ogen dicht.

191101

PERSPECTIEF

Een vraag die ik al jaren koester:
Ben ik de prins......of Assepoester?
Ben ik de stuurman van mijn lot,
of is 't kompas al jarenlang kapot?

Waar is de grens tussen waarheid en bedrog
en is geluk voorbij, of nog niet echt gezocht?

Een parel stuitert voor mij uit
Een golf, een veld, een winkelruit,
Een stal, een deftig staatsbezoek
Ben ik het zelf, of zijn de and'ren zoek?

                              240602

TANYA

Weer een begin,
of weer een twist
tussen mij en het lot?
Ik hef mijn kin
Heb me vergist?
Voel de hand van God...

De lichte bries
van engelvleugels
Een zachte deun, een geur...
Een nieuw verlies?
Of nieuwe teugels?
Een nieuwe, gouden deur?

251201

RODE MAAN

Ik sta alleen voor een uitgestrekte hand
Als koning van een verzonken land
De geest van barre eenzaamheid
Trekt gleuven door vergetelheid

De opgang van een bloeddoordrenkte maan
Kondigt statig mijn verzoening aan
Stap vooruit, hou mij vast,
ogen dicht, en op de tast

Omhels wat van mij over is
En leid mij uit de mist

                      251201

HET RAD VAN FORTUIN

Een wig ratelt over pinnen
Laat het avontuur beginnen!!
De inzet duurt maar even,
de gevolgen je hele leven.
Tussen duim en wijsvinger gevat
trilt een fiche als een blad.
Is 't het waard, of niet?
Is het geluk, of weer verdriet?
Word ik opnieuw geboren
of ga ik nog verder verloren?
Maar dan zie ik wat ik haast vergat:
Jouw nummer staat niet op het rad...
Jij moet met niemand delen
Jij bent niet één van velen

          170802

ZINNEBEELDEN

Verboden te zien, te geheim om te horen,
    Verscheurend, verbluffend, opwekkend en mooi,
Ridicuul, infantiel: een kort lot beschoren,
    Een prachtige bloem middenin deze zooi.

Een schande, een bende, een affront op de wijsheid,
    Sinds heug'nis, voor eeuwig, een zee van genot.
Er kortaf mee stoppen, al was 't uit beleefdheid,
    Een wedergeboorte, geschenk van het lot.

Dit mag niet, dit kan niet, hoort niet zo te zijn,
    Verheug me erop, al die gezichten
Wij weten het immers al lang: - 't is maar schijn.
    Wanneer jij en ik hun de wereld ontwrichten.

Dit wordt een teleurstelling, voor allebei,
    Wij gaan erop uit, laat de rest erbij schieten,
Nog steeds onvolwassen, zowel hij als ook zij,
    Terúg van teleurstelling, op weg naar genieten.

                                              171091

I WANT TO LIVE MY LIFE OVER AGAIN

Al die plaatsen....
Al die foto's, die glimlachen, die tranen
Al die gebaren....
Al die geluiden, geuren, namen

Ik wil ze allemaal wel overdoen
helemaal, van het begin.
Ik ben weer energiek, en koen.
Ik heb weer zin.

Het liefst zou ik dezélfde dingen
nog een keer, met jou beleven
Alle kado's en alle ringen
één voor één aan jou teruggeven,

een huis weer bouwen op het land,
de hele wereld weer afreizen;
romantisch vrijen op het strand
en het verleden doen vergrijzen

Ik zal me wel wéér eens vergissen
Je zult de ware wel wéér niet zijn
Of ik voor jou. Het kan niet missen...
Beslist: een spinsel van mijn brein.

Maar stel dat dat nu niet zo is
en jij de enig echte bent
De prentenboek-prinses, zó opgedist
en ik je toch nog heb herkend....

Grijp je dan vast, gemeend bemind,
nu de zweefmolen begint....
      170802

VOORBESTEMMING

Stel je eens voor, dat wij geschapen zijn
om bij elkaar te horen.
Als jonge honing en oude wijn
voorbestemd en uitverkoren.
Stel je eens voor...

Stel je eens voor, dat alles om ons heen
verandert in decor
zo gauw ik jouw "люблю"[(*)] aanhoor
Stel je eens voor...

Stel je eens voor, dat achteraf
het allemaal een droom was
een experiment, een straf
een boek, dat ik verkeerdom las
Stel je eens voor...

Dat wij, bij d'eerste innige omarming
veranderen in lichtfontein
en 't hele firmament verwarmen
en verder altijd samen zijn

170802

(*) Russisch "Ik hou van (jou)"

HEKS

Ik zoek in mijn hoofd naar een hoe, een waarom
Naar "wat is er gebeurd?" en "waar gaat het toch om?"
Maar iedere uitweg, elk verlossend gebaar
wordt gewist met een veeg van jouw gitzwarte haar

Als ik denk, als ik eet, of dingen begin
Je zit niet eens naast me, maar op me, erin
Ied're stap die ik neem zakt de vloer verder weg
Ik word gek van de twijfel bij ieder woord dat ik zeg

Vluchten of vechten? En vechten – waarom?
Ik drink uit jouw gifbeker en lach er maar om
Mijn kleine heks met doorzichtig gewaad
kijkt speels naar een dwaas die langzaam vergaat

waar voor kort onvermurwbaar een scheidingswand stond
zie ik nu door een bres in de spiegel mijn mond
voor altijd aangedaan, tegen jou niet bestand
maar gelukkiger dan had ik je niet gekend.

141003

Deel 2

Puur over ludduveduh

DE PRINSES MET DE LANGE HAREN

Je komt steeds dichterbij
in cirkels die steeds nauwer worden
Ik hoor je naam steeds vaker
Maar je blijft onzichtbaar en verborgen

Ik streel een vreemde hand
en hoop dat zij in die van jou verandert
Ik zoek, mijn ogen dichtgeknepen,
door een spiegel aan de overkant
naar niemandsland

Ik koop vergeefs een borstel
en hoop een haar van jou te vinden
Elke morgen weer....
wanneer ik met de waarheid worstel

Soms zit je naast me
Soms word ik naast je wakker
Een spook, een geest, illusie
Gouden standbeeld op een dorre akker
Steeds brakker

210502

C'ERAVAMO TANTO AMATI

Lange jaren schrijden voort,
de pen paraat doch onbewogen,
van Poëzie lang niets gehoord,
alsof 't papier was weggevlogen.

Lange jaren van geduld,
van wikken en verdelen;
sentimenten uitgehold,
het kon ons lang echt niets meer schelen.

En dan, opeens, zoemend geraas:
Een eruptief concert van zinnen
een heimwee naar klassiek Sinterklaas;
de wil om fris weer te beginnen.

De tijd is rijp om terug te zien,
en wat was opgegeven te herstellen,
een snakken naar begrip misschien
of drang, gewoon, om te vertellen.

Het is een troosteloze fooi,
een stofje in het firmament.
Verlies wordt immers nooit bekroond
en compromissen nooit erkend.

                              100991

STOP HAUNTING ME

Ik kwam je laatst weer tegen
In een droom.
Een groet, omarming, een verzoening
Zo mooi, zo innig, zo gewoon.
Je haar weer in de wind
Een fonkel in je ogen
als van een jarig kind
Je slanke ranke armen
wat stotterend om me heen
En toen mijn eerste traan
van geluk en van erbarmen
die de zeepbel weer deed knappen
En nu ben ik weer alleen

                    240602

VALENTIJN

Wat zijn die plaatsen toch vervreemd
Wat zijn die vrouwen toch alleen
Wat zijn hun haren wars
hun ogen leed
en ik ben hier...vergeef, vergeet

Gehuld in glinster, laag decolleté
Een lach, een dans, soms twee
Een gevang van pluche en goud
Een nutteloze glimlach
Herinnert aan van wie je houdt

Niemand heeft jouw haar
Niemand jouw ogen en jouw blik
Jouw glimlach, jouw gebaren
Een hel, waarin ik me schik

140202

WOESTIJN

De wind is de wind niet,
de zon vaal en grijs.
Het concert begint niet.
Ik ben van de wijs.

Jouw schim achtervolgt mij....
In elke dauwdruppel glimt
de reflectie van schoonheid
van wie ik zo bemin.

Het is leeg in mijn wereld,
en dat weet ik nu pas,
nu 't gebrek aan jou toont
hoe gelukkig ik was.

070601

VOORUIT ACHTERUIT
(Een Candle Lightgedicht)

Er is iets cyclisch in verdriet
De pijn vergroot, verkleint met kringen
Ik denk aan je, vergeet je niet
Herinner me steeds kleine dingen

En iedereen vertelt me kalm
Dat alles slijten moet
Maar als het 's nachts weer in me galmt
voel ik me onbehoed.

Soms denk ik dat het zo moest zijn
en dat er nu geen terug meer is
Maar dan komt weer zo'n golf van pijn
Die hoop brengt dat ik me vergis...

En steeds komt weer die droeve vraag
Hoe ik de weg terug vinden moet
naar dat deeltje dat ik in mij draag
Of is de kentering voorgoed?

080601

MISSCHIEN IS DIT EEN TEKEN?

Niet gedicht, sinds die dag,
toen een bulldozer 's nachts
de resten kwam ruimen
van wat al niet meer was.

En het knagend gevoel,
dat het niet zo moest zijn
hield de inkt in mijn pen
weerstond ieder kwatrijn.

En waarom nu dan wel?
Zou het soms noodlot zijn?
Doet Fortuna nu kond
over zijn of niet zijn?

070601

IK WIL HET NIET WETEN

Een vreemde gedaante
met regenjas en hoed
vertoont schaduwstrepen
op een nachtelijke stoep.

Een geluid van geschuifel
in een donkere steeg
weerkaatst onder een luifel
wanneer ik niet beweeg...

Een spook met vioolkist
tracht behoedzaam te sluipen,
jaagt mij in de nachtmist
de stuipen op het lijf.

Ik ren in richting eind
van een doodlopend pad,
achtervolgd door de waarheid
van wat jij voor mij was.

      070601

D.S.A.

Ik ben, geloof ik, bijna beter...
En bijna uit mijn droom ontwaakt:
Nog even, en het laatste "heden"
is dan voorgoed tot "toen" gemaakt

Ik voer een niet te winnen strijd
met ongeloof aan d'ene kant
en botte onverschilligheid
waartoe jij dwingt met volle hand.

Waarom jij dit spel speelt
zal wel altijd een raadsel blijven
nu wij ontwaakt zijn, en verdeeld
steeds verder uit elkander drijven

           230200

IK WIST HET

Ik heb je zien vervalen
Ik heb gezien hoe jij de moed verloor
moe werd van mijn verhalen
van mijn eindeloze koor

Ik heb gezien hoe jij probeerde
je af te zetten tegen de gewoonte
maar steeds grondiger wegteerde
bij een volgende teleurstelling

Ik heb je woorden wel gehoord
en wel gemerkt aan je kussen
dat onze liefde was verstoord
maar was gelukkig ondertussen...

Ik heb je onderschat
Ik heb mijzelf terechtgesteld
en mij te lief gehad
en jou te vaak van mij verteld

Ik hoorde wel, dat jij niet wilde
maar bouwde door aan mijn ideaal
Ik wist wel dat we zo verschillen
maar wendde mij af van de werkelijkheid

280201

GEK IS DAT

Gek is dat, wanneer je alles denkt te geven
En alleen maar vraagt, je eigen leven zó te leven
Dat alles altijd fris en monter blijft
En niets vervaalt, en niets verstijft.

Gek is dat, dat dat precies de reden wordt
Waardoor het lentebos zijn bloesem lost, verdort
En alles waar je tegen vechten wou
Langzaam op je af komt stevenen

Gek is dat, dat ik niet kan verdragen
Voor jouw aantrekkelijk gerecht te dagen
En voel dat ik je niet meer lang behoud
Precies omdat je zoveel van me houdt

Wat gek, dat het eenvoudiger te zijn kan lijken
Niet naar jouw parelende tranen meer te kijken
En op te gaan in de vergetelheid,
Eenzaam terug te stappen in de tijd.

Ik heb geen oplossing meer over
En in ons sprookje te geloven
Wordt iedere traan van jou steeds zwaarder
Jouw jonge levenslust steeds schaarser

Er komt misschien een keer een tijd
Wanneer je, terugziend, mij met iemand vergelijkt
En ik weet niet eens of ik je toe moet wensen
Dat ik dan beter blijk dan andere mensen

230500

DE IDEALE MAN

Ik had misschien als vrouw geboren moeten worden
Of eunuch, priester, of als dwaas
Ik zou twee Nobels hebben, een lintje en een orde
En heel de wereld zou verrukt zijn, en verbaasd

Men zou mij dagelijks op handen dragen
en vechten om een plaatsje aan mijn zij
Nooit zou er iemand om verklaring vragen,
beledigd luist'ren naar mijn woordenbrij

Nooit zou ik iemand met mijn daden krenken
Niemand zou moeite doen mij te verstaan
Want ik zou net als alle and'ren denken
en volgens ieder's wensen door het leven gaan

Ik zou een voorbeeld zijn en niet alleen maar daarop lijken
en daarom nooit een enkel teleurstellen, achteraf
Niemand zou uit liefde meer door tranen naar me kijken
Maar zo ben ik niet. Dat is mijn straf.

230500

DE DUNNE LIJN TUSSEN HEMEL EN HEL. DEEL I

Een breekbaar porseleinen vaas
Een olifantenpas; twee vrouwen en een dwaas
verstengeld in een web tussen geneugte en verdriet
Mijn paradijs – haar vagevuur; ik zag het niet

In mijn hoofd gonst tussen vaag geheugen
de afschuw voor een verspeelde kans
een terugblik in een vals verheugen
een korte, dodelijke paringsdans

En omziend, wordt de wereld zwart
Ik zie je blik, gekweld, getart
Ik ren verdwaald in kringen door het duister
en hoor alleen jouw tranen als ik luister

En in jouw borst steekt vlijmscherp snijdend
het zwaard van botte overmoed
Ik was één maal blind en onbescheiden
en het is juist dat ik nu boet

En als de wond niet stopt met bloeden
en voor de afgrond niets meer kan behoeden
Omarm mij dan een laatste maal
zo zacht en innig als enkel jij maar kunt
En stort dan neer, samen met mij....
Geloof me, dit was je niet gegund.

131299

DE DUNNE LIJN TUSSEN HEMEL EN HEL. DEEL II

Ach, aan de andere kant
is het misschien wel goed zo ook
Je hebt je aan mijn "ik" verbrand
mijn alter ego, ontdaan van rook

Ik zal mijn hele leven blijven vinden
Dat eigenlijk niets toen is gebeurd
en dat door jouw reactie het ongezinde
tot een levensdrama is verkleurd

Ach ja, bij nader kijken
is het misschien zo ook wel goed
Dingen zijn niet altijd wat ze lijken
hoe erg dat soms ook klinken moet.

Ons leven samen is een keus
die jij dag in dag uit moet maken
Ik ben in deugd en trouw geen reus
daar moet jij aan gewend geraken.

En als jouw maat toch vol geraakt
en liefde geen soelaas meer biedt
dan is de keuze die je maakt
voor jou een logische. Meer niet

131299

SPOOK

Af en toe zie ik je nog
Af en toe....
Alsof je schim schichtig
net de hoek om is
Alsof de deurpost nog de warmte
van je hand aan die van mij
kan overdragen

Soms hoor ik in mijn slaap
hoe jij uit bad opstaat, je afdroogt
en je voorzichtig krakend op de overloop
richting bed begeeft

Af en toe nog is het
alsof de kuil in het dekbed naast mij
ineens weer bolstaat van jouw silhouet
Alsof ik kopjes in de keuken hoor
ter aankondiging
van ontbijt op bed

                        010700

TEGENVUUR

Het is niet te geloven
wat een pijn de liefde doet
geen kans om te ontkomen
een kanonschot op je gemoed

Soms weinig is maar nodig
en als een snaar ontstemt
wordt alles overbodig
alle vreugde wreed gedempt

Een seconde stilte, een dichte deur,
een leegte waar een glimlach hoort
geeft hol geluid wanneer mijn hart verscheurt
een doffe klap die mijn verstand doorboort

Croissant zonder bestemming
een vroege vlucht vol nieuwe hoop
op weg naar jou, vol goede stemming
verstoten zonder woorden, bloot

Een onverdiende straf, een onbegrepen taak
Een ongewild conflict staat in de weg
Ik ruik de stank van zoete wraak
'k ben er geweest, 'k heb het gehad

240599

TWEE REGENBOGEN BOUWEN

Een uitgestrekte hand treft een dorre tak
Een barst in mijn illusie van eindeloos gemak

Vandaag ging in een flits de zon voor altijd uit
De wereld in een wreed gewaad van angst zonder geluid

De "staircase to heaven" heeft op de overloop een deur
De weg naar geluk bij het bordje "exit" verscheurd

Een illusie reëel, een fantasie waar
ik beslis hier wat echt is, de rest is maar schijn
Een onvervulbare droom wordt pas echt onvervulbaar
wanneer hij niet langer volhoudt een droom te zijn

Op de weg naar geluk klinkt een stem uit het duister
Een gruwzaam en kil, geniepig gefluister
Geen mens slaagt erin regenbogen te bouwen
laat staan twee tegelijk in de hemel te houden

                                  130599

DE ZIN VAN WOORDEN

Een blokkendoos vol woorden
is nog geen huis vol zinnen
een huis vol zinnen
nog geen stelling, geen gesprek

En in een stadswijk van accoorden
woont nog geen fijne melodie
geen mooie symfonie
geen fuga, geen etude

Hoe ik jou gisteren nog bekoorde
met mijn verblindende verhaal
mijn virtuoze taal
de blokken waren een kasteel

En hoe ik dat zelf ook weer vermoordde
geen woord veranderd
volgorde anders
verbouwd tot gevangenis

NIET DOEN

De fonkel is verdwenen
en op je hemelse gelaat
is een grimas verschenen
Is het te laat? Is het te laat?

Ik zoek in tranen de weg terug
Laat mij hier niet alleen
Ik zie de resten van een brug
Waar moet ik heen? Waar moet ik heen?

Je torent statig als een standbeeld
boven mijn warrige gepraat
Een wond gaat open die niet heelt
Is het te laat? Is het te laat?

Een frons, een traan
een streling en een grijns
Ik klamp mij vaster aan mijn waan
Is dit een teken? Is het schijn?

                151298

Ik sleep mij gebukt door een laag labyrint
klam en stoffig de wanden
op zoek naar het licht voor mijzelf en mijn kind
strek in stilte mijn handen

Gewond door een speer uit het oog van het kwaad
voel ik bloed langs mijn benen
sta opnieuw voor een muur die mij niet verder laat
ben hier eerder verschenen

waarom sta ik hier, moe en kleurloos te kijk
voor een gros blinde gangen?
Ik dool als een spook in een onderaards rijk,
veeg het zout van mijn wangen.

Geslagen door schuld draai ik rond in het niets
vergeten door mensen
Ik hef mijn hoofd op en herinner me iets
over banden en grenzen.

Plots treft de schaamte mij recht in het hart,
kijk om over mijn schouder,
en jouw kille ogen kijken vragend en hard
je lijkt honderd jaar ouder.

Laat ruimte en tijd tot details voor ons worden
neem mij terug in je ketens
laat mij leven van jou uit, voor altijd geborgen
niet alleen, niet vergeten

                                                  011195

VERBROKEN VERTROUWEN

Een vaandel gaat brandend tenonder
in de verte kanonnengedonder
Een trommel dreunt luid in mijn oor
vertwijfeld op zoek naar gehoor
Een traan in je stem lijkt een meer
slaat een bres in geluk van weleer
Neem mijn hand, roep mij terug uit het duister

Een aquarium valt hard op de grond
In één slag heb ik beide verwond
een zeis zoeft me boven het hoofd
ik beleef wat ik nooit had geloofd
Ik sta bevend voor jouw tribunaal
en hoop dat 'k het vonnis niet haal
Neem mijn hand, roep mij terug uit het duister

De straf die jij oplegt, tenslotte
zal mijn leven met eeuwen verkorten
want de munteenheid die jij verkiest
ben je zelf, vermenigvuldigd met niets.
Ik zak langzaam ineen, op mijn knieën
zonder jou zijn we nooit meer gedrieën
Neem mijn hand, roep mij terug uit het duister

Op de jurybank louter gefluister
Neem mijn hand, roep mij terug uit het duister.

011195

Tot slot

NOG EEN

Ik moet er nog één
en dan is ie vol
dan heb ik betaald
die lastige tol
dan is ie voor mij
dan heb ik de kans
dan heb ik het recht
op die lauwerenkrans

Ik moet er nog één
nog één zo'n gedicht
en 't kan me niet schelen
of het U wel ligt

Ik moet er nog 1
ja eentje nog maar
dan is de rustdag
eindelijk daar
Weg is de vloek van
poète maudit
dan ben ik weer vrij
is het wonder geschied

Ik moet er nog één
ja eentje nog maar
dan is het zover
JA. Dan ben ik KLAAR!

220980

www.ingramcontent.com/pod-product-compliance
Lightning Source LLC
Chambersburg PA
CBHW042042240426
43667CB00047B/2948